Rilke und Stefan Zweig, zwei der zurückhaltendsten und dennoch populärsten Repräsentanten der deutschsprachigen Literatur des 20. Jahrhunderts, haben eine Leserschaft, deren Internationalität und Breite sich allenfalls mit derjenigen Thomas Manns und Hermann Hesses vergleichen läßt. Die erstmalige Veröffentlichung ihrer Korrespondenz macht uns zu Zeugen eines, bei aller Verschiedenheit des Naturells, ermutigend konstruktiven Zwiegesprächs zweier wahlverwandter Schriftstellerkollegen über die Problematik des Künstlertums im Widerstand gegen die Zeitgeschichte. Durch ihre zahlreichen Übersetzungen und grenzüberschreitenden Kontakte haben Rilke und Zweig bereits vor dem Ersten Weltkrieg zu einer kulturellen Vereinigung Europas beigetragen, die 1914-1918 sabotiert und unterbrochen wurde. Männern und erst recht Autorenkollegen gegenüber hat Rilke sich nicht leicht geöffnet. Auch Stefan Zweig bleibt in diesem Dialog stets der Werbende. Doch was die Briefe Rilkes denen des ihm in Bewunderung ergebenen sechs Jahre jüngeren Kollegen an Sprachdisziplin und gedanklicher Tiefe voraushaben mögen, wird ausgeglichen durch die größere Spontaneität, Vielseitigkeit und kontaktfreudige Weltoffenheit Stefan Zweigs, dem Rilke u.a. seine persönlichen Begegnungen mit Autoren wie Emile Verhaeren und Romain Rolland verdankt. Die insgesamt 44 erhaltenen Briefe aus den Jahren 1906 bis 1921 werden ergänzt durch die in Stefan Zweigs Tagebüchern und Erinnerungen geschilderten direkten Kontakte und Erlebnisse mit Rilke 1913 in Paris und 1916 in Wien, wo beide Dichter gemeinsam im Kriegsarchiv eine Art zivilen Ersatzdienst zu leisten hatten. Zweig hat später mehrfach über Rilke berichtet, 1927 in seinem Nachruf im Münchener Staatstheater, zehn Jahre später zu Rilkes Todestag vor Emigranten in London und nicht zuletzt in seinem Erinnerungsbuch »Die Welt von Gestern«.

Rainer Maria Rilke
und Stefan Zweig
in Briefen
und Dokumenten

Herausgegeben von
Donald A. Prater

Insel Verlag

Der Briefwechsel Stefan Zweigs mit Rainer Maria Rilke ist ein Teil des Bandes »Stefan Zweig - Briefwechsel mit Hermann Bahr, Sigmund Freud, Rainer Maria Rilke, Arthur Schnitzler«, der 1987 im S. Fischer Verlag, Frankfurt am Main, erscheint. Die Rechte an den Briefen Stefan Zweigs liegen beim S. Fischer Verlag, Frankfurt am Main, der auch die Abdruckgenehmigung für folgende Texte Stefan Zweigs erteilte: aus »Die Welt von Gestern« (© 1942 Bermann-Fischer Verlag, Stockholm); »Tagebücher« (© 1984 S. Fischer Verlag GmbH, Frankfurt am Main); »Das Geheimnis des künstlerischen Schaffens« (© 1984 S. Fischer Verlag GmbH, Frankfurt am Main); »Begegnungen mit Menschen, Büchern, Städten« (© 1937 Herbert Reichner Verlag, Wien, Leipzig, Zürich); »Begegnungen mit Büchern. Aufsätze und Einleitungen aus den Jahren 1902-1939« (© 1983 S. Fischer Verlag GmbH, Frankfurt am Main); »Europäisches Erbe« (© 1960 S. Fischer Verlag GmbH, Frankfurt am Main).

Erste Auflage 2017

Vertrieb durch den Suhrkamp Taschenbuch Verlag
Printed in Germany
Umschlag: hißmann, heilmann, hamburg
ISBN 978-3-458-24111-9

Inhalt

Anhang

Vorwort

Im Februar 1897 erhielt der damals hochangesehene Schriftsteller Georg Ebers, Verfasser einiger heute verschollener »Professorenromane«, das Schreiben eines einundzwanzigjährigen Dichters, der vor ein paar Monaten nach München gezogen war. »Hochverehrter Meister«, so hieß es in diesem Brief, »die überaus liebe Anerkennung, welche Sie meinem Buch gezollt haben, ist mir Freude und Schaffenslohn. Und zumal, daß Sie mir so treuoffen sagen, daß ich den rechten Weg wandle, dafür – Dank.« Der Schreiber hoffte, bald bei Ebers vorsprechen zu dürfen, »um Ihnen mündlich von meiner Verehrung, meinem Dank und viel Gutem zu reden«. Er zeichnete »René Maria Rilke«: das Buch, dem die »liebe Anerkennung« galt, war *Traumgekrönt*.[1]
Drei Wochen später erreichte denselben Georg Ebers ein Schreiben von einem noch nicht sechzehnjährigen Schuljungen namens »Stephan Zweig« aus Wien, der seinen Dank für eine »freundliche« Antwort auf vorangehende Fragen mit einem Lobgedicht auf den Meister aussprach:

> Unter der Gelehrten Zahl
> Strahlt Ebers Name allzumal
> Von allen, die Romane schreiben
> Wird er fortan der erste bleiben.
> ......
> Und hätt' ich den Kranz zu geben
> Auf sein Haupt würd' ich ihn legen
> Hoch Ebers!

»Seien Sie nicht ungehalten darüber, daß ich es wage, Sie mit so schlechten Versen zu belästigen«, schrieb Zweig weiter. »Aber sie sollen nur eine Antwort sein auf Ihren so liebenswürdigen Brief.«[2]

Diese Briefe zweier etwas wichtigtuerischer junger Menschen verdienen – so belanglos sie scheinen – doch unsere Aufmerksamkeit, zeigen sie doch die Ähnlichkeit ihrer Anfänge. Vom Trieb zum Dichten und Dichterwerden erfüllt, weisen beide eine ähnliche Bedürftigkeit nach Anerkennung für ihre ersten Versuche auf, ein gleiches Beachtet-werden-Wollen von den »Meistern«, seien es Ludwig Ganghofer oder Richard Zoozmann für Rilke, seien es Karl-Emil Franzos oder Theodor Herzl für Zweig. Zwar war zu dieser Zeit Rilke für Zweig schon ein Vorbild – von seinen in Wien schwer zu bekommenden Büchern und den in Zeitschriften verstreuten Gedichten kannte der Jüngere »jeden Vers und jede Zeile« – doch nicht so sehr wie Hofmannsthal, der ihm die Möglichkeit gezeigt hatte, »selbst in der Kerkeratmosphäre eines österreichischen Gymnasiums Dichterisches, ja dichterisch Vollendetes zu schaffen«. Rilke war für Zweig »eine Ermutigung anderer Art«:

»Erst nach und nach, im zweiundzwanzigsten, im dreiundzwanzigsten Jahr hatte dieser wundervolle, von uns maßlos geliebte Dichter sich persönlich zu gestalten begonnen; das bedeutete für uns schon einen ungeheueren Trost. Man mußte also nicht wie Hofmannsthal schon im Gymnasium vollendet sein, man konnte wie Rilke tasten, versuchen, sich formen, sich steigern ... konnte vielleicht statt des Wunders Hofmannsthal den stilleren, normaleren Aufstieg Rilkes in sich wiederholen.«[3]

Schlägt man Zweigs erste, 1901 veröffentlichte Gedichtsammlung *Silberne Saiten* auf, dann bemerkt man sofort die Verwandtschaft dieser Verse mit jenen in Rilkes genau fünf Jahre vorher erschienener Sammlung *Traumgekrönt*. Er habe, berichtet Zweig in seinen Erinnerungen *Die Welt von gestern*, das schmale Buch »dem so sehr von mir vergötterten« Rilke gesandt und als Gegengabe einen »dankbar« gewidmeten Sonderdruck von Rilkes jüngsten Gedichten erhalten.[4] (Die Briefe, die diesen gegenseitigen Gaben wohl beigelegt waren, sind leider nicht erhalten.)

Doch bald schon gingen ihre künstlerischen Wege auseinander. Zweig, immer noch Gedichte schreibend, aber sich wohl bewußt, daß er als Lyriker einer längeren Lehrzeit bedurfte, beschäftigte sich nun mit Übertragungen, hauptsächlich aus dem Französischen – Baudelaire, Verlaine, Verhaeren – und aus dem Englischen, sammelte seine ersten Prosaversuche zu einem Novellenband (*Die Liebe der Erika Ewald*, 1904), und begann nach seiner Promotion 1904 die Vers-Tragödie *Tersites*. Zu einer Zeit, in der Rilke sich konsequent vom Tagesjournalismus abwandte und sich in der Einsamkeit auf seine dichterische Produktion konzentrierte, suchte Zweig mit Essays, Artikeln und Rezensionen noch immer das Rampenlicht der Öffentlichkeit.

Wie es scheint, hatte der um 5 Jahre Ältere damals für Zweigs rührige Publizistik nicht viel übrig. 1902, beim Erscheinen des *Buchs der Bilder*, sprach er in einem Brief an seinen Verleger Axel Juncker geradezu herablassend über den jüngeren Kollegen: er möge solchen »Kritici« wie u.a. Zweig und Poritzky »*kein* Rezensionsexemplar zusenden. Das sind junge Leute, die mangels eigenen Könnens gerne billige Kritik treiben«.[5] Tatsächlich ist keine Besprechung des *Buchs der Bilder* von Stefan Zweig bekannt, doch ist in seinen Briefen eine wachsende Bewunderung für Rilke unverkennbar.

Für ihn, so bekannte er später, war Rilke, wie Verhaeren und Dehmel, »viel bedeutsamer als moralisches denn als literarisches Vorbild«.[6] In ihm sah er den reinen Dichter, einsam und weltabgewandt, ganz seiner Arbeit hingegeben. »Ich habe ... einen seit Jahren wachsenden Respekt«, heißt es in einem Brief an die gemeinsame Freundin Ellen Key vom 12. August 1905, »für die noble Art Rilkes, der ohne allen Lärm ganz in der Stille seine Werke herausgibt. Ich will Ihnen *sehr* dankbar sein, wollten Sie ihm einmal sagen, wie sehr ich ihn liebe, daß für mich in Deutschland kein Lyriker so hoch steht wie er. Vor Jahren, als 18jähriger, habe ich ihm mein Gedichtbuch gesandt und ein liebes Wort von ihm empfangen; wenn ich ihm seither nichts mehr sandte, so war es aus einer gewissen Scham, er möchte die

Dinge als zu gering empfinden und möchte – er, der Meister der Technik – die dünnen Stellen in den Versen zu sehr fühlen. Sagen Sie ihm bitte, daß es mein aufrichtigster Wunsch wäre, ihm einmal persönlich meine Verehrung zu sagen und daß er ganz wenige hat, die so herzlich an ihn glauben wie ich.«[7]

Wie sich danach die Beziehung zwischen den Dichtern entwickelte, wird in den nachstehenden Seiten dokumentiert, nicht nur anhand ihrer noch erhaltenen (und hier zum ersten Mal vollständig wiedergegebenen) Briefe, sondern auch durch manche aufschlußreiche Tagebuchaufzeichnungen Zweigs und andere Zeugnisse: Rilkes herzliches Entgegenkommen dem jüngeren und eher schüchternen Kollegen gegenüber, ihre Begegnungen vor dem Ersten Weltkrieg in der gemeinsamen zweiten Heimat Paris; ihre Bewunderung für den belgischen Dichter Emile Verhaeren; Zweigs Bestreben, dem »größten Künstler, den wir besitzen«[8], dienlich zu sein durch Lektüre-Anregungen, durch die Zusammenführung mit Romain Rolland und die Vermittlung von Rilke-Lesungen in Wien und in Deutschland sowie durch ihre gemeinsame Dienstzeit 1916 im Wiener Kriegsarchiv.

Beide waren ständig unterwegs, nur selten kreuzten sich ihre Wege, so daß von einer engen Freundschaft kaum die Rede sein kann. Für Rilke, der gewöhnlich »Mein lieber Hofmannsthal« oder »Mein lieber Gide« schreiben konnte, blieb Zweig immer »Mein lieber Herr«, wenn auch manchmal »werter« oder »verehrter«; Zweig seinerseits – trotz seiner »enormen Gabe, Freundschaft zu schenken und Freundschaft zu erwecken«[9] – brachte es nie über sich, seine Briefe anders als ebenso formell zu beginnen. Immerhin: es gibt nur sehr wenige Menschen, die wie Zweig mit Rilke lange Spaziergänge durch die Straßen und Parks von Paris gemacht haben und gewiß auch nicht viele Männer, mit denen Rilke so offenherzig und ungehemmt gesprochen hat wie mit diesem Kollegen. »Ich war kein intimer Freund von ihm«, schrieb Zweig später, »er ... zeigte sich Männern gegenüber keusch und bescheiden im Wort.«[10] Dennoch ergibt sich aus dieser Dokumentation das Bild einer Beziehung, die man weit eher als Rilkes Verbindung mit Hofmannsthal als eine Freundschaft bezeichnen dürfte. Ja, sie ermöglicht Rilke eine Spontaneität, die sonst bei ihm selten zutage kommt, fast völlig frei von jener Stilisierung wie sonst in seinen brieflichen Äußerungen. Für diese ihm »so lieb gegebene Gegenwart« war Zweig ebenso dankbar wie Rilke für »die immergleiche Art Ihrer herzlichen Zuwendung«.

In Rilke bewunderte Zweig die Einheit des Wesens und eine »strenge Disziplin des Geistes«, die ihm selbst fehlte: eine Disziplin, die diesen reinen Dichter zur Auflösung seines Familienlebens gezwungen hatte, zur Entscheidung, sich »halb zu opfern, um mit der anderen Hälfte ganz zu sein«.[11] »Ich selber stamme aus einer Generation, die glaubte, kämpfen und sich mehr dem Leben annähern zu müssen.«[12] Aus dem Gegensatz von Rilkes Weltab- und Zweigs Weltzugewandtheit läßt sich in den Nachkriegsjahren die Lockerung der bisher herzlichen Beziehung erklären (denn ab 1921 bis zu Rilkes Tod 1926 bestand, wie es scheint, kein direkter Kontakt mehr).

Noch bestimmender waren vielleicht ihre unterschiedlichen Auffassungen vom Wesen der Kunst. Nicht nur, daß Zweig seine Arbeit unbeirrt im traditionellen Sinne und in den hergebrachten Formen fortsetzte, ohne sich vom Expressionismus oder sonst einer Kunstrichtung der zwanziger Jahre beeinflussen zu lassen. Während Rilke neue und spezifisch ihm eigene Wege suchte, erkannte Zweig schon bald, daß ihm ein künstlerisches Schaffen im Sinne Rilkes versagt war: seine Ekstase und ein »gewisses Von-sich-selbst-Fortsein«.[13] Die Schriften Zweigs dagegen verwirklichten seine Überzeugung, daß die Kunst letzten Endes im Dienst der Menschlichkeit stehen müsse. Als Verehrer Romain Rollands glaubte er, mit dem eigenen Schaffen »demütig aber treu dem Ideal der humanen Verständigung zwischen Menschen, Gesinnungen, Kulturen und Nationen zu dienen«.[14]

Der Rilke der zwanziger Jahre aber, wiewohl er manche dieser Ideen teilte und dankbar war für die von Zweig vermittelte Bekanntschaft mit Romain Rolland, entfernte sich immer mehr von einer solchen Auffassung. »Die Dichtung, die sich das Ziel setzen *will*, zu trösten oder zu helfen oder irgend eine noble Überzeugung zu fördern, wäre eine Art Schwäche, wenn auch rührend«, schrieb er im letzten Lebensjahr; »was entscheidet, ist keineswegs eine wohltätige und mitleidvolle Absicht, sondern das Sich-Unterwerfen einem autoritären Diktat, welches weder das Gute noch das Böse *will* (worüber wir so wenig wissen), sondern uns ganz einfach befiehlt, unsere Gefühle, unsere Begriffe, die ganze Leidenschaft unseres Wesens, an jene höhere Ordnung zu fügen, die uns so weit übersteigt, daß unser Verständnis sie nie umfassen könnte.«[15]

Die ihm »gegebene« Vollendung der *Duineser Elegien* und der »strahlende Nachsturm« der *Sonette an Orpheus* hatten Rilke in dieser Anschauung vollends bestätigt. Kein Wunder, daß er keine Notwendigkeit mehr empfand, die Verbindung mit einem Dichter aufrechtzuerhalten, bei welchem er eine wesentlich andere Auffassung von der Aufgabe des Künstlers gespürt haben mag. Zweig seinerseits war viel zu bescheiden, um in Rilkes Einsamkeit dringen zu wollen. Schon 1917 hatte er in ihm einen »jener Letzten und Seltensten« erkannt, »die einen persönlichen Stil des Lebens haben und das Wort in einem gesteigerten und persönlichen Sinne deuten«.[16] »Wer ihn verehrte, wer ihn liebte, fragte ihn nicht, wo er zu finden wäre, suchte ihn nicht auf, sondern wartete, bis er zu einem kam«, erinnert er sich in seinem Londoner Vortrag zehn Jahre nach Rilkes Tod.[17] »Aber doch, niemand hat, als er gegangen war, unserer Zeit so gefehlt wie dieser Leiseste ... Wenn wir heute in Deutschland ›Dichter‹ sagen, denken wir noch immer an ihn, und indes wir seine geliebte Gestalt noch mit den Blicken an all den Orten suchen, wo wir ihr begegnet sind, ist sie schon hinübergegangen aus unserer Zeit ins Zeitlose und Statue geworden im marmornen Haine der Unsterblichkeit.«

Rainer Maria Rilke
und Stefan Zweig
in Briefen
und Dokumenten

1906-1909

»Die volle Herzlichkeit seines Wesens«

Anfang 1906 plante Zweig, erneut nach Paris zu kommen, das er erstmals 1903, noch als Student, kennengelernt hatte. Rilke, so schrieb er an Ellen Key am 9. Februar dieses Jahres,

»... verwächst immer mehr mit meinem Leben und meinem eigenen Traum von der Poesie. Wie er sich – ferne den Leuten, und doch die größten Erscheinungen unserer Zeit, wie Rodin, Tolstoi miterbend – schon durch die äußere Form des Seins dem Unendlichen verkettet, das doch mit tausend Wurzeln in ihn hineinwächst, das ist mir ein fast neidenswertes Bild. Wenn ich im April nach Paris komme, so ist es eine meiner größten Erwartungen, ihn dort zu sehen: ich kann nicht denken, daß der enttäuschte, den Sie sich so innig zum Freunde erwählt haben.«[1]

Rilke stand gerade seine zweite Vortragsreise nach Deutschland bevor, und Zweig, vielleicht darüber von Ellen Key unterrichtet, machte ihm den Vorschlag, eine Vorlesung in Wien in sein Programm einzubeziehen. Aus Berlin, wo er eben im »Verein für Kunst, Salon Cassirer« aus eigenen Werken vorgelesen hatte, antwortete ihm Rilke im ersten noch erhaltenen Brief:

Rilke an Zweig

Hospiz des Westens,
Marburgerstrasse 4
[etwa 2. März 1906]

Sehr verehrter Herr Zweig,

ich danke Ihnen für Ihre lieben freundschaftlichen Worte, deren Wärme mir wohltut.

Ich bin schon in meiner Vortragsreise[2] und sehr gehetzt; darum nur diese Abkürzung für alles Liebe und Dankbare, das ich hoffe Ihnen bei unserer Begegnung bereiten zu können.

Ich werde voraussichtlich am 16. März wieder in Meudon sein; nach Wien wäre ich herzlich gerne gekommen; strich es aber aus meinem Programm, da die Sezession mich nicht (wie es eine Weile schien) laden wollte. Sie schreiben von einem Verein[3], in dem ich sprechen könnte.

Ich nehme Ihre Frage auf, herzlich wie sie gemeint ist; wenn es sich so einrichten ließe, daß ich noch, zwischen dem 14. und 17. etwa, in Wien in jenem Ansorge-Verein lesen könnte, so ließe sich meine Reise vielleicht immer noch rund biegen. Freilich ich müßte 300 Mk für den Abend haben und, wenn irgend möglich, *zwei* Abende abhalten: einen vom Werke Rodin's (den ich jetzt überall wiederhole) und einen mit der Lesung eigener Dichtungen erfüllten, – um meine großen Reise-Kosten ganz zu decken und ein wenig darüber hinaus zu behalten.

Ich schreibe Ihnen das, wie Sie sehen, in jener Offenheit, die Ihre herzliche Güte sich verdient. Ich will Ihnen *keine* Mühe bereiten und nehme an, daß es sich nicht mehr einrichten läßt; sollte, wider Erwarten, doch noch eine Möglichkeit, ähnlich der von mir vorgeschlagenen, sich zeigen, so telegraphieren Sie mir bitte bis zum 8. nach Worpswede bei Bremen Vorschläge und Aussichten.

Sie sollen auf alle Fälle wissen wie herzlich und dankbar ich Ihre guten Worte empfing und in Ehren halte und wie ich mich freue, Sie in Wien oder im April in Paris herzlich zu grüßen.

Ihr

Rainer Maria Rilke

In arger Eile und fast fremder Schrift.[4]

Diese Lesung kam nicht zustande. Rilke, der sonst, infolge des Ausfallens einer Verabredung in Weimar und des Aufschiebens bis zum 20. März eines zweiten Vortrags in Berlin, wohl nach Wien gekommen wäre, mußte nach dem plötzlichen Tod seines Vaters am 14. März für eine Woche nach Prag reisen, bevor er am 31., nach dem zweiten Berliner Abend, wieder nach Paris und Meudon zurückkehrte.

Inzwischen hatten sich auch Zweigs Pläne geändert: nicht nur wegen der »fieberhaften« Arbeit an der Vollendung des Tersites, *sondern auch, weil er Verhaeren, »den zu sehen mir wichtiger ist, als alles andere«, auf dem Wege nach England in Belgien statt Paris aufsuchen wollte, wie er an Ellen Key am 15. April schrieb:*

»Paris mit Ihnen und Rilke – das wäre freilich herrlich gewesen, aber dieses Jahr führt mich mein Weg nach London. Ich will englische Kultur kennenlernen und meine geistige Peripherie erweitern. . . . Mit Rilke hatte ich anläßlich der Wiener Vorlesung einen kurzen Briefwechsel, der mich aber die volle Herzlichkeit seines Wesens empfinden ließ.«[5]

Vor der Reise wolle er »einen Artikel über Rilkes jüngstes Buch« schreiben – der dann in der Berliner Zeitschrift Die Nation *erschienen ist: keine »billige Kritik« dies, vielmehr eine der schönsten Würdigungen des* Stunden-Buchs.[6]

Stefan Zweig
Verse eines Gottsuchers

Dem vielleicht seltsamsten der deutschen Versbücher, dem ›Cherubinischen Wandersmann‹ des Angelus Silesius ist nun nach zwei Jahrhunderten ein Schwisterkind geworden in dem ›Stundenbuch‹ des Rainer Maria Rilke.* Denn dies ist ein Buch, das sich so gar nicht in unsere Lyrik fügen will. Ganz von ferne scheint es zu kommen, losgelöst von Sprache und Form unseres Ausdrucks, ganz vertieft in sich selbst, wie in einen sehr farbigen Traum. Und alle seine Verse, mögen sie den Anbeginn in den flüchtigsten Äußerungen sinnlicher Wahrnehmung nehmen, wachsen – wie Bäume aus der breiten Erde empor in den

* Rainer Maria Rilke, ›Das Stundenbuch. (Vom mönchischen Leben, von der Pilgerschaft, von der Armut und dem Tode)‹, Insel-Verlag 1906.

unsichern Himmel steigen – zu Gott empor. Die vielleicht zweihundert Gedichte des Buches sprechen zu Gott in demütiger, wilder, flehender, drängender, schluchzender Apostrophe. Aller Reichtum, den wir von Rilkes früheren Werken kennen, ist hier in das Wort »Gott« versammelt. Und Melodie, Farbe, Glanz darüber gegossen, daß es immer wieder neu und zwingend wird.

Man wird geneigt sein, diese Gottsuchersehnsucht bei einem so raffinierten Artisten wie Rilke von vornherein als Heuchelei zu betrachten. Frömmigkeit glaubt man nur den Primitiven. Aber die Frage ist reicher an Möglichkeiten der Erklärung, denn Rilkes Religiosität ist nicht Frömmigkeit, sondern Glauben, genießende und im Wort sich erst ganz erfüllende Lebensbewunderung. Er, der sensibelste der deutschen Dichter, zart wie ein vielverästeltes Blatt, das den Tau aus der Luft saugt, die Sonnenstrahlen trinkt und mit fiebernder Faser jeden Atem des Windes, – er hat immer die leiseste Regung bis in die Tiefe der Empfindung getragen, hat der wechselnden Sinne verschiedene Berührung: Ton, Farbe, Duft, Zeichen, Regung, die unsägliche Verschiedenheit der Lebensäußerungen im Gefühle so vermengt, daß sie einander Symbole sein konnten und einander bereichern. Bei dieser immensen Fähigkeit der Verinnerlichung in das Urgefühl mußte nun sich mählich der Sinn für die immanente Einheit aller Dinge entwickeln und aller Eindrücke rauschende Flut einmünden in ein Meer. Und da nimmt er ein Wort und schleudert alles hinein. Oder vielmehr: er schafft sich die Vorstellung des Begriffes, der diese leuchtende Unendlichkeit tragen kann. Und wie er nach einem Namen sucht, der reich genug sein könnte, um Symbol solcher Fülle zu sein, da findet er den Namen Gott. Und schafft Gott um nach seinem Ebenbilde. Silesius war anderen Weg gegangen: er fühlte Gottes Größe, und als er, sie zu schildern, nach einem Ausdruck rang, schuf er sich die Kunst, schuf sich zum Dichter aus einem Prediger. Rilke wiederum, von den wunderbar wachsenden Formen seiner Kunst sehnsüchtig gereizt, ihnen im Leben etwas zu nennen, dem sie dienen könnten, denkt an den höchsten Namen, und nun glühen alle seine Farben, singen alle Töne empor in dieses Licht. Wie im Orient die Prediger von den Türmen Gottes Größe in die Ferne rufen, so spricht hier der Dichter, spricht mit jener erhobenen Stimme und doch mit jener leisen Beschämung, die weiß, daß Gott sich nicht aussagen läßt. »Wer Gott beweist, der ist ihm immer fern.« Heftiger als je bei allen Mystikern ist hier der Gedanke ausgesprochen, daß Gott nur in den Erscheinungen erfaßbar ist, nicht in der Essenz, und daß nie das All der Erscheinungen gemeinsam überschaut, also Gott erkannt werden könne. Das hat das Judentum vielleicht am tiefsten von allen Religionen gefühlt, als es verbot, den Namen Gottes jemals hinzuschreiben – eines der schwergesühntesten Verbrechen – und nur gestattete, in der Schrift jenes bekannte Symbol zu gebrauchen. Und das ist Rilkes Werk in diesem Buche auch, Gott unablässig durch Symbole zu erläutern.

»Für dich nur schließen sich die Dichter ein
und sammeln Bilder, rauschende und reiche,
und gehn hinaus und reifen durch Vergleiche
und sind ihr ganzes Leben so allein ...
Und Maler malen ihre Bilder nur,
damit du unvergänglich die Natur,
die du vergänglich schufst, zurückempfängst:
alles wird ewig. Sieh', das Weib ist längst
in der Madonna Lisa reif wie Wein;
es müßte nie ein Weib mehr sein,
denn Neues bringt kein neues Weib hinzu.
Die, welche bilden, sind wie du.«

Aber aus diesen Erläuterungen wächst der Begriff. Jede Farbe, jedes Wort, jede Musik, die ihn wiedergeben will, schafft ihn auch zugleich, und wie das aller Kunst Wunderbarstes ist, daß sie eigentlich nur wiedererzählen und etwas Geschautes nachbilden will und dabei es erst als ein Neues werden läßt – so wächst hier Gott für den Dichter langsam empor. Und im tiefsten fühlt er, daß er ihn schafft, der sich doch von ihm erschaffen fühlt.

> »Werkleute sind wir: Knappen, Jünger, Meister
> Und bauen dich, du hohes Mittelschiff.«

Und dieser Gedanke der individuellen Gottschöpfung, tausendfach verzweigt mit vielen blütetragenden Ästen durch das Buch, zeitigt die nötige Folgeerkenntnis, daß dieses Gottes Leben an dem eigenen hängt, daß der Gott, der von einem eigen[s] erschaffen ist, nicht über einen hinaus lebt. Und der Dichter bricht in die bange Frage aus

> »Was wirst du tun, Gott, wenn ich sterbe? ...
> ... mit mir verlierst du deinen Sinn.
> Nach mir hast du kein Haus, darin
> Dich Worte, nah und warm, begrüßen.
> Es fällt von deinen müden Füßen
> Die Samtsandale, die ich bin.«

Das sind jene tiefen und schon in das Dunkel des Unbewußten hinüberzitternden Erkenntnisse, die man für leicht hält, wiegt man sie in der hohlen Hand, leicht wie Edelsteine. Und man ahnt kaum, wieviel harte Berge um sie durchwühlt sein mußten, ahnt nicht die verarbeiteten, verwachten Nächte, die zerschundenen Hände. Man fühlt nur ein Licht darin glänzen und ahnt nicht, daß dies ein geheimnisvolles, dem tiefsten Dunkel entnommenes Licht ist, das erst wieder zu brennen anfängt, wenn eine gleiche Seele es beschaut.

Vielen wird dieses wunderbare Versbuch ganz stumm bleiben. Und wer die Hetzjagd nach gereimter Verstiegenheit durch moderne Bücher liebt, wird hier auf seine Rechnung kommen, denn einzelne Verse – unerhört in der Verwegenheit der Vergleiche – reizen tatsächlich, wenn man sie aus dem

Zusammenhang, aus dem Erdreich der dunklen, mystischen Atmosphäre reißt, zur Heiterkeit. Und auch – wie immer – scheint manchmal der wildeste, inbrünstigste Fanatismus in seinem wilden Willen, Gott zu vermenschlichen, ganz an sein Herz zu reißen, fast als Blasphemie. Das ›Stundenbuch‹ verlangt mit Liebe gelesen zu werden. Und vor allem nicht auf einen Zug, sonst macht es müde wie Psalmodieren. Wie ein Gebetbuch, in stiller Stunde, wenn man schon ehrfürchtig bereitet ist, will es aufgeschlagen sein, und dann fühlt man wirklich den Orgelklang von Versen, wie sie keiner – keiner! – heute in Deutschland schöner, voller, klingender und reicher schreibt. Eben weil das breite Publikum an diesem Buch vorübergehen wird, sei es mit allem Nachdruck und mit aller Liebe gesagt: es ist eines der reichsten unserer neuen Poesie, und der Name Rainer Maria Rilkes einer derer, die bleiben werden.

Diese Besprechung ließ er Rilke zukommen, wie auch gegen Ende des Jahres sein zweites Gedichtbuch Die frühen Kränze[7], *das (wie für Rilke* Das Stunden-Buch*) seine erste Veröffentlichung im Insel-Verlag war.*

Zweig an Rilke

Wien I
Rathausstrasse 17
[etwa Dez. 1906]

Sehr verehrter Herr Rilke,

ich erlaubte mir, Ihnen vor drei Wochen ein Exemplar meines Versbuches »Die frühen Kränze« nach Berlin-Grunewald zu senden und erfahre jetzt bedauernd, daß Sie in Italien weilen.[8] Sollte Ihnen das Buch – welches in Ihren Händen zu wissen, mir sehr wichtig wäre – nicht nachgesandt worden sein, so bitte ich Sie um eine Zeile, um Ihnen ein anderes Exemplar überreichen zu können.

In inniger Verehrung ergeben

Stefan Zweig

Inzwischen war Rilke dem Werke Zweigs in dessen »feingefühlten Übersetzungen nach Verlaine und Verhaeren« aufmerksam gefolgt, und im Frühjahr 1907 aus Capri beglich er seine Briefschuld diesem ihm nunmehr »sympathischen Wiener Dichter«[9] gegenüber:

Rilke an Zweig[10]

Capri
Villa Discopoli
Abend vor Dreikönig 1907

Sehr verehrter Herr Zweig,

ich schulde Ihnen Briefe und Dank, und beides seit so lange, daß keines sich recht nachholen läßt. Ihre öffentliche Besprechung des Stundenbuches damals hab ich ungelesen verwahrt; (Kritiken muten mich immer mehr wie Briefe an andere an, deren Inhalt nicht für mich bestimmt ist; ganz besonders gegen das Gefühl geht es mir, hinzusehen, wo es sich um das Stunden-Buch handelt.) Und ich hatte ja in diesem Fall Ihre große und tiefe Zustimmung zu diesem Buche, deren warme Erinnerung ich mir durch eine weniger persönliche, allgemeinere Aussprache Ihres Empfindens nicht abschwächen wollte.

»Die frühen Kränze« sind noch nicht in meinen Händen, aber sie werden es bald sein. Fr. Clara Rilke nahm sie in Berlin in Empfang und legte sie zu Büchern, die bestimmt waren, an mich abzugehen, deren Versendung aber leider so verzögert worden ist, daß ich noch eine Zeit werde zu warten haben. Jedenfalls aber sind sie jetzt unterwegs oder werden es doch in einigen Tagen sein. Und Pakete nehmen zehn Tage in Anspruch um herzukommen.

Inzwischen hatte ich Axel Juncker beauftragt, Ihnen des Buchs der Bilder neue, sehr vermehrte Ausgabe in meinem Namen vorzulegen. Und längst wollte ich Ihnen dazu meine Grüße schreiben und die Wünsche zu einem guten Arbeitsjahr. Nun geschiehts, scheinbar aufgefordert, aber doch sehr spontan und herzlich, wie ich Sie bitte zu glauben.

Mir fällt noch ein, daß ich ein aus dem Zusammenhang der »frühen Kränze« stammendes Gedicht in der »Zukunft« gelesen[11] und sehr stark empfunden habe, so daß ich, (wär ich's nicht schon durch alles was von Ihnen kam) auf Ihr Versbuch, wie auf eine sichere und große Freude wartend, sympathisch vorbereitet bin.

Immer

Ihr Rainer Maria Rilke

In einem nicht erhaltenen Brief erneuerte Zweig seinen Vorschlag zu Vorlesungen in Wien (»unter sehr schönen Bedingungen«, wie er Ellen Key schrieb[12]) und vermittelte die Verbindung mit dem Wiener Buch- und Kunsthändler Hugo Heller. Offenbar legte er Rilke auch nahe, schon jetzt seine Gedichte in einer überlegten Auswahl zusammenzufassen:

Rilke an Zweig[13]

Capri
Villa Discopoli
14. Febr. 1907

Verehrter Herr Zweig,

es ist nicht der oder jener Vorschlag, wofür ich Ihnen vor allem danken möchte; auch die lieben Worte, die Sie mir sonst zu sagen wissen, möchte ich nicht in ihrem Nachklang unterbrechen durch irgendwelchen Dank: das alles mag im Schweben bleiben, unabgeschlossen, etwas wie ein laufendes Konto ins Seelische übertragen. Danken möchte ich Ihnen aber, und auf das Herzlichste, für die ganze freundschaftliche Verfassung, die Ihren Brief veranlaßt hat: sie tut mir wohl.

Lassen Sie mich aber noch einen Dank präzisieren, bevor ich auf diesen Brief eingehe, den für Die frühen Kränze. Dieses Buch wird Ihnen, wie rasch Sie sich auch von ihm entfernen mögen, immer lieb bleiben. Wohin Ihre Entwicklung auch aufwachsen mag: es wird seine Stelle darin haben, die Stelle eines ersten Absetzens, die etwa, die in einem Stamme sichtbar bleibt als seine erste leidenschaftliche Zusammenfassung vor dem stillen täglichen Aufstieg. Sie begreifen, daß ich damit Gutes und Wichtiges meine; das Beste vielleicht was man von einem frühen Buche sagen kann. Es wäre unnatürlich, daß ein solches Buch gleichmäßig wäre; aber es ist sehr viel wenn in der Anordnung, Auswahl und Stellung des Ungleichmäßigen sich soviel Ernst und Vorsicht, soviel unbewußte Überlegenheit zeigen darf, wie in den frühen Kränzen. Bisher geht es mir so, daß das Gedicht, welches ich zuerst, mit Bewunderung, in der Zukunft las (Sonnen-Aufgang in Venedig)[14] mir das liebste geblieben ist. D.h. ich wüßte wohl viele Stellen, aber keines als Ganzes zu nennen, das mich ähnlich überzeugt. Und Sie wissen wie sehr es gerade auf diese Wirkung ankommt: so im Tiefsten überzeugt zu sein durch eines Gedichtes Inständigkeit und Stärke –.

Wenn ich einmal daran denken soll, eine Auswahl älterer und späterer Gedichte zusammenzufassen (welche Arbeit Sie in so liebenswürdiger und herzlicher Weise für erwünscht halten –) so wüßte ich kaum einen anderen Maßstab anzuwenden als diesen. Ja, ich fürchte, ich allein würde in diesem Falle kaum damit umzugehen verstehen; denn ich kann von meinen frühen Versuchen nicht sagen, was von Ihrem Buche gesagt worden ist. Ich weiß nicht, welchen Platz jene jugendlichen Arbeiten beanspruchen dürfen und ob ihnen überhaupt einer zukommt. Sie haben mir immer mehr ihre Unzulänglichkeit zugekehrt; ich verleugne sie nicht, aber es scheint mir, als ob ich so sehr Eines und immer wieder dieses Eine zu sagen hätte, daß sie später einfach ersetzt worden sind durch den besseren und erwachseneren Ausdruck und so überhaupt nur etwas wie überlebende Provisorien darstellen, dem Definitiven gegenüber. Und wie weit ist das Spätere auch wirklich schon endgültig, definitiv?

Im großen Ganzen möchte ich meinen, es könnte eine solche Auswahl leicht einen voreiligen und mißzuverstehenden Eindruck machen und neige dazu, noch ein paar Jahre damit zu warten.

Gerne würde ich einmal mit Ihnen meine Bücher in diesem Sinne durchblättern; es müßte sich zeigen, wie wir eine solche Durchsicht empfänden.

Daß es dazu kommen kann, dafür bürgt die Einladung, die Sie mir übermitteln, und jene andere, die Sie hinzufügen, Ihre Gastfreundschaft noch hinzulegend zu allem Sympathischen und Erwünschten, was ein Aufenthalt in Wien mir zu versprechen hat.

Nun ich will sagen, daß ich alles annehme: nur nicht für März, nicht für diesen März. Es ist *sehr* wichtig für mich, noch eine Zeitlang hier ruhig aushalten zu dürfen und nicht vor Abschluß einiger Arbeiten (zu denen ich aus verschiedenen Gründen lange nicht kommen konnte) fortzugehen.[15] Hätte ich nicht das sehr natürliche Bedürfnis momentan durch keinen Termin beengt zu sein, so würde ich doch noch bedenken, ob sich die Reise nicht einschieben ließe; aber so wie die Dinge stehen, würde aus einer nahen Unterbrechung zu viel Störung und Verwirrung für mich erwachsen. Auch würde ich vorziehen, die Reise nach Wien so zu legen, daß ich sie mit einigen Vorträgen an anderen Orten vereinen kann, wie das voriges Jahr meine Absicht war. Sie aber so einzuordnen, dazu reicht die Zeit nicht mehr aus.

Ich werde Herrn Hugo Heller selbst schreiben, um ihm für die Aufmerksamkeit zu danken, die er mir erwiesen hat.

Wenn er dabei bleibt, auf mich zu rechnen, so würde ich zu keiner Zeit so gerne und leicht kommen können, wie etwa im späteren Herbst dieses Jahres, im November vielleicht. Wir werden Zeit haben, darüber zu verhandeln.

Wenn Sie Herrn Heller sehen, so tragen Sie dazu bei, ihn zu überzeugen, daß er sehr Unrecht hätte, mein Zögern und momentanes Versagen als einen Mangel an Sympathie für seine Unternehmungen (von denen ich nicht zum ersten Mal Gutes höre) auszulegen. Ich bin im Gegenteil überzeugt, daß der Kreis, den er zu bilden verstanden hat, nach den Gesetzen jener äußersten Akustik gebaut ist, die die Worte des Redenden so sehr nötig haben.

Das für Ellen Key Bestimmte aus Ihrem Briefe habe ich schriftlich weitergegeben[16], nach Syracus, wo sie, wie es scheint, sehr reiche Wochen verbracht hat. Aber ich werde auch noch mündlich darauf zurückkommen können, denn unsere verehrte Freundin wird Anfang März in Neapel sein und ich werde dann die Freude haben, sie auch hier zu erwarten.[17] Wenn man von Sizilien kommt, muß man freilich Nachsicht an Capri wenden, denk ich mir. Dort wächst (nur vom Hörensagen weiß ich's) eine antike Welt über den Fremden hinaus und weiß nicht von ihm, – hier ist alles, Volk und Landschaft, auf die traurige Maßeinheit billiger Begeisterung eingegangen.[18] Das Übergroße ist freilich noch da (wo könnte Unverstand je damit fertig werden), aber es ist wie außer Gebrauch, wie beiseite geschoben, und, wo nicht unwillkürlich alle zusammenstehn, der Einzelne rückt es nicht von der Stelle.

Aufrichtige, herzliche Grüße, lieber Herr Zweig.

Ihr

Rainer Maria Rilke

Rilke an Zweig

Capri
Villa Discopoli
am 4. März 1907

Lieber Herr Zweig,

Sie haben sicher meinen langen Brief erhalten, mit dem ich die sympathischen und herzlichen Vorschläge des Ihren erwiderte. Nehmen Sie es nun nicht mit allzu großer Verwunderung auf, wenn ich, so bald wiederschreibend und in Eile, es mir einfallen lasse, Sie mit folgender Sache zu beunruhigen.

Ein lieber Freund, dessen erfahrene und weise Lebensbetrachtung seine gerne zusammenfassende und objektivierende

Natur dann und wann zu literarischer Ausgabe veranlaßt, – dieser Freund spricht mir von neuen Arbeitsplänen und erbittet im Anschluß daran einige Anmerkungen, die ich nur unvollkommen und unsicher zu liefern vermag. Trotzdem würde ich ihm gern nützlich werden und komme auf die Idee, ob Sie nicht vielleicht meine eigene mangelnde oder verlorengegangene Kenntnis der in Frage stehenden Gebräuche ohne allzuviel Mühe zu ergänzen vermöchten.

Mein Freund begehrt sicher zu sein über folgende Fragen: Worin besteht die Verabreichung der letzten Ölung und worauf* kann sich dieses Sakrament im äußersten Falle beschränken? Ist immer Beichte und Abendmahl und – was ich nicht glaube – Salbung mit geweihtem Öle nötig und welche Worte begleiten diese Handlung?[19]

Ich meinte, daß in Umständen großer Not jeder, auch der Laie, dieses Sakrament (ebenso wie die Not-Taufe) gültig zu reichen vermag, wenn er den Willen hat, die sakramentale Verordnung zu vollziehen. Aber die Beichte zu hören, selbst unter drängenden und ungewöhnlichen Umständen, ist doch wohl wieder nur dem Priester gestattet?

In dem Konflikt, den mein Freund zu behandeln beschäftigt ist, hat es, allem Anschein nach, seine Wichtigkeit, daß ein exkommunizierter, irgendwo im wildesten Amerika unter Goldgräbern verschollener Priester an einem gewissen Sterbebette dazukommt, sich als solcher zu erkennen zu geben. Es *liegt daran*, daß er das tue, und er sollte – so scheint es – zu diesem Geständnis hingedrängt werden durch die Notwendigkeit, dem Sterbenden mit der heiligen Hilfe des Sakraments beizustehen. Nun wäre aber dieses – erwünschte – Eingestehen seines Priestertums sinnlos, wenn die von einem abgesetzten Geistlichen erteilten Sakramente nicht gültig sind oder wenn das Sterbesakrament (samt Beichte und Absolution) im Notfalle von jedem Nichtverordneten vergeben werden darf. Wüßten Sie darüber

* auf welche kürzeste und einfachste Form,

unwillkürlich Bescheid? Ich finde, zu meiner Verwunderung, daß eine lange katholische Kindheit einen auf solche Komplikationen (es ist unsereinem nicht leicht, sie mit einiger Glaubwürdigkeit weiterzugeben, aber sie könnten ja trotzdem entstehen –) nicht vorbereitet hat.

Ich überlese den Brief und finde die Zumutung, die ich Ihnen stelle, noch ganz ebenso verwunderlich, wie sie mir schien eh ich sie aussprach; ich würde es auf den ersten Blick begreifen, wenn Sie mir antworteten, daß Sie von alledem nichts wüßten; aber ich weiß so wenig, wo mit dieser Frage anknüpfen und meine Neigung, einem offenbar ebenso ratlosen Freunde dienlich zu sein, ist so ehrlich, daß ich nicht davor zurückschrecke bei Ihrer Güte anzufragen. Vielen Dank jedenfalls und alle Grüße Ihres ergebenen

R.M. Rilke

Zweig an Rilke

Wien VIII
Kochgasse 8
11. März 1907

Sehr verehrter Herr Rilke,

lassen Sie mich zuerst Ihre Verzeihung erbitten für die so späte Beantwortung Ihres Briefes, der mir mehr Freude war, als rasche Worte es zu erklären vermöchten. Aber ich war für paar Tage fort von Wien: Prag, Ihre schöne Heimatstadt hatte mich zu einer Vorlesung geladen[20] und ich kam gerne, weil ich die alten Gassen so sehr liebe und die paar edlen Kirchen, weil mir ferner jede Möglichkeit, für ein paar Tage unter fremde und doch liebe Menschen zu treten und die drückende Eintönigkeit täglicher Dinge zu unterbrechen, innerliches Bedürfnis ist.

Nun eile ich, Ihnen zu danken und greife zunächst zu Ihrem zweiten Briefe, weil dessen Frage rasche Antwort heischt. Ich habe einem befreundeten Geistlichen die Entscheidung überlassen, die ganz so ausfiel, wie ich erwartete: nur der Priester, dem durch Gelübde das Beichtsiegel ward, ist berechtigt, Beichte zu empfangen, weil nur er einzig und allein Mittler ist. Ein Anderer hätte nur die moralische, nicht aber die absolute Pflicht des Schweigens, unterläge auch – rein staatsrechtlich – im Notfalle der Zeugenpflicht, von der einzig und allein der Geistliche entbunden ist.

Ich gehe nun zu Ihrem ersten Briefe zurück. Und schlage mir die Stelle auf, die mir die Wichtigste ist, weil Sie Ihr Werk betrifft, die Angelegenheit der Gesamtausgabe. Hier muß ich Ihnen Unrecht geben: ich wiederhole meine Ansicht, daß es schon jetzt an der Zeit ist, Ihre Verse zu sammeln. Denn ich weiß, daß Sie nun von Jahr zu Jahr Ihren Versen sich mehr entfremden werden, daß Vieles, was andern noch wichtig und wertvoll von Ihrem Werke ist, Ihnen selbst nichts mehr sein wird. Und ich glaube, wir haben die Verpflichtung, eine Sammlung nicht für uns selbst zu ordnen, sondern für diejenigen, die von uns genießen wollen. Die Jahreszahlen vor den einzelnen Gedichtkreisen schützen davor, daß sie als repräsentativ gewertet werden: und geben andererseits einzig den Maßstab der Entwicklung. Die wirkliche Anthologie unserer Verse, die essentielle, besorgt – meine ich – nur die Zeit, die alles Überflüssige losschält, das Unzulängliche entfernt. Eben weil ich nun jede Auswahl, die der Autor veranstaltet, für eine zeitliche und im tieferen Sinne provisorische erachte, eben darum, weil ich ihr keine innere Vollkommenheit beimesse, – eben darum, weil sie nur äußerlichen Zwecken dient, möchte ich Sie bitten, nicht letzte Vollendungsprinzipien zum Maßstab zu nehmen.

Es wäre mir peinlich, würden Sie mißverstehen, was ich mit diesen äußern Zwecken meine. Ich denke nicht an Ruhm, Erfolg oder Geld. Sondern ich sehe immer nur Eines: daß Einige und Viele sind, die zu Ihren Gedichten gelangen könnten und nun den Weg nicht finden. Die einzelnen Bücher sind verstreut, sind zu kostspielig: wäre nun *Eines* da, nach dem sie nur zu fassen brauchten und sie hätten *Alles*, die Essenz einerseits und dann den sichtbaren Wegzeiger zum Einzelnen – viele wären innig beglückt. Und ich weiß zu den Zahlreichen, denen Ihr Name bereits etwas sehr Ehrfürchtiges und Bedeutsames ist, noch viele, viele, denen er nur ein verwehter Klang ist ohne Wort und Sinn darin. Und denen er Alles werden könnte. Ich weiß auch viele, von den Schreibenden, die nur auf den Anlaß warten, sich von dem Dank frei zu machen, der von einzelnen Ihrer Verse in ihnen sich gesammelt hat. – Nochmals, Sie dürfen nicht an sich denken bei Ihrer Auslese. Wer so vielen etwas zu geben hat wie Sie – jeder große Künstler – hat kein Recht mehr auf persönlichen Egoismus, wie er auch vielleicht kein Recht hat, ein Werk zu vernichten, das ihm nicht gelungen scheint. Er hat nur die Pflicht einerseits im Sinne Goethes »alle Anlagen zur höchsten Vollendung zu entwickeln« und dann alles zu geben, was er hat. Ich weiß aus eigener Erfahrung, wie lästig, wie schmerzvoll einem manches Gedicht ist: und doch, wenn ich sehe, wie sehr es einen Menschen entzückt, so würde ich nicht wagen es zu vernichten. Weil wir kein Recht haben um unseres persönlichen Kunstempfindens willen eine aus unserm Sein geborene Freude zu vernichten; seit ich mich zu dieser Anschauung gefunden habe, verachte ich auch den niedersten Schreiber nicht mehr, wenn es ihm nur gelingt, Tränen oder Lachen zu zwingen, arme Menschen über eine Stunde ihres Lebens hinwegzutäuschen. Und daß frühe Gedichte nicht reif sind empfinde ich ebensowenig als Scham, wie die orthographischen Fehler meiner Jugend.

Ich hoffe, Sie verstehen mich ganz und meinen nicht etwa, daß ich an eine Popularisierung Ihrer edlen Kunst denke. Ich empfinde es nur immer als tiefste Tragik, daß – so wie Menschen, die sich ganz verstehen können, Haus an Haus wohnen, ohne sich je zu begegnen – Menschen nicht zu jenen Büchern kommen, die ihnen Erlebnis sein könnten. Wäre von Ihnen eine Auslese von etwa dreihundert Gedichten in einem Bande zu drei Mark vereint (wiewohl mir eine Mark ein unerreichbares Ideal erscheint), wie leicht wäre es, Menschen darauf zu weisen, eine wie große Lust, einen solchen Band als Geschenk lieben Leuten auf den Tisch zu legen. – Ich rede Ihnen zu, weil ich fürchte, daß Ihnen der Entschluß von Jahr zu Jahr schwieriger wird, in dem Maße, als sich Ihr Kunstempfinden verfeinert und Ihnen der frühere Ausdruck des vielleicht auch noch verworreneren Gefühles unzulänglich erscheint. Aber, wie gesagt, ich meine, daß *diese* Anthologie nicht für Sie sein sollte, sondern für die Andern. Nicht die Frucht Ihres Werkes, sondern Blühen, Wachsen und Vollenden im Bilde zugleich. –

Nun habe ich lange den Ausdruck der Freude unterdrücken müssen, daß ich Sie im Herbst hier und bei mir erwarten darf. Ich glaube, Sie haben nie eine innere Beziehung zu Wien gefunden. Vielleicht liegt es daran, daß die wirklichen Künstler in Wien, denen Sie zumindest gleichwertig sind, ganz in einen Kreis verschlossen sind, der sich hochmütig gegen jeden – wohl auch gegen Sie – abgrenzt. Sie wissen wohl, wen ich meine: allerdings ich habe zu diesen Leuten nie Beziehungen gesucht, weil ich immer sie als unwillig empfand sich herzugeben. Auch weil ich ja immer über die Welt gewandert bin.

Ihre Worte über mein Buch haben mich sehr froh gemacht. Ich habe mich nie überschätzt und weiß, daß wenn auch manche Verse durch Beziehungen mir persönlich wert sind wie erlebte Stunden etwa oder unvergeßliche Landschaften, sie für die Literatur noch nicht sehr wichtig sind. Ich liebe eigentlich nur eines meiner Bücher, die Übertragung Verhaerens, weil sie eine Tat ist, weil sie den, der mir durch die Größe seiner Kunst und die vollendete Güte seines Wesens Vorbild ist, bekannt gemacht hat, mein Leben einem gewaltigen Werk irgendwie verschwistert und mir vor allem das freundschaftliche Vertrauen eines der Bedeutendsten unserer Tage zueigen gegeben. Ich weiß von Ellen Key, daß Sie Verhaeren in Paris besuchten und er sprach mir sehr herzlich von Ihnen: ich wäre beglückt zu wissen, daß auch für Sie die Begegnung innerlich bedeutsam war. Was Verhaeren als menschliches Vorbild meinem Leben gegeben hat, könnte ich kaum umfassen: seit ich ihn nahe sah, weiß ich, wie ein Großer leben muß, wie ein Mensch in aller Stille die Gewalten des Lebens gütig in sich vereinen kann. Seinem Werk zu dienen, war mir immer höchster Stolz.

Mein Brief war lang: lassen Sie ihn mich mit einer Bitte beschließen. Ihre Güte hat mir dazu Mut gemacht. Ich möchte Sie um ein kostbares Geschenk bitten: um das Manuskript eines Ihrer Versbücher. Ich bin kein Autographensammler, ab und zu kaufe ich mir die Handschrift eines Gedichtes, das ich liebe. Ein paar schöne habe ich schon, das kleine »Maylied« von Goethe, den »Crucifixus« von Lenau, die »Rote Rose Leidenschaft« von Storm. Und diejenigen, die mir gestattet haben, nicht nur ihr Werk von der Ferne zu lieben haben mich auch beschenkt. Ellen Key gab mir ihren Verhaerenessay, Verhaeren die »Multiples Splendeurs«, Hesse eine neue Novelle, Scholz, Greiner, Albert Mockel[21] einzelne Werke. Wie froh wäre ich, dürfte ich von Ihnen ein Werk behüten dürfen: es könnte vielleicht in bessere, kaum aber in sorglichere Hände gelangen. Ich weiß, ich verlange sehr viel, denn ich kenne den Zauber der Schrift, ich weiß, daß man mit der Handschrift eines Buches nicht nur schenkt, sondern auch einem ein Geheimnis verrät. Freilich eines, das sich nur der Liebe entschleiert. Und die für Ihr Werk zu haben wie wenige, ist vielleicht das Bewußtsein, aus dem ich den Mut für eine so ungestüme Bitte gewann.[22]

Ich wünsche Ihnen helle sonnige Tage auf Capri, Ihnen und uns viel frohes Gelingen Ihres Werkes. Glauben Sie zuversichtlich an die herzliche Treue Ihres ergebenen

Stefan Zweig

Zweig an Rilke

Wien VIII
Kochgasse 8
[etwa Ende Juli 1907]

Lieber, verehrter Herr Rilke,

ich wäre Ihnen dankbar für eine Zeile, die mir erzählte, wo Sie die nächsten paar Monate verbringen. Ich möchte Ihnen erstlich mein neues Buch, die Tragödie »Tersites«[23] senden und dann ich denke jetzt bald nach Italien zu fahren und der Gedanke, ich könnte da vielleicht zwei Stunden nah an Ihnen vorbei, wäre mir peinlich. Ich gedenke gegen den 20. September nach Rom zu reisen, und zwar auf einem eigenartigen Wege: über Genua, Korsika, Sardinien, Civitavecchia, denn bislang bin ich nie auf der geraden Strecke nach Rom gelangt. Das erste Mal blieb ich in Venedig, das zweite Mal in Florenz stecken. Von diesem vorgefaßten Plan, der den Oktober Rom, den November Süditalien zuweist, wiche ich aber gern ein wenig ab um ein paar Stunden willen, die ich im Vorüberwandern mit Ihnen verbringen könnte. Nehmen Sie das bitte nicht als Übertriebenheit, mir ist, als sei es ebenso wichtig, wenn man von einem Menschen, dessen Namen man lange mit sich trägt, alles Begriffliche und Vorgestellte wegstreifen kann, um sich ihn zu Besitz und Erinnerung seines Gefühles zu machen, als eine fremde Stadt zu sehn, die einem auch nur Name zuerst war und dann Erinnerung wird. Sind Sie um diese Zeit nicht gar zu ferne von meinem Wegziel, so wäre ich sehr froh, Sie ließen es mich wissen.

Jedesfalls: ich rechne darauf, Sie dann im Winter in Wien zu sehn und bei mir zu haben. Verhaeren schrieb mir, Sie wollten auch nach Paris kommen; hoffentlich vereint sich all das aufs Glücklichste. Mit vielen Grüßen

Ihr getreu ergebener
Stefan Zweig

Rilke an Zweig[24]

Paris VIe
29 rue Cassette
Am 3. August 1907

Lieber und werter Herr Zweig,

es ist mir sehr recht, daß Sie mich, durch Ihren Brief, zum Schreiben bringen. Ich habe den einen Augenblick verpaßt, in dem ich Ihnen hätte antworten müssen und war so in ein permanentes Schweigen geraten, das sehr der Entschuldigung bedarf. Ihr Brief von damals war so herzlich und hatte sich so viel Mühe mit mir gegeben, daß ich wohl weiß, eine sofortige Antwort hätte am besten seiner Verfassung entsprochen. Indessen war da eine Stelle, die ich zur Sprache wiederbringen mußte, ohne zu wissen, ob ich imstande wäre, mich recht auszudrücken. Es schien mir, als setzten Sie bei mir eine gewisse Stellungnahme zu einem Wiener Kreise voraus, den Sie andeuteten, und ein leicht mißbilligendes Einverständnis gegen diesen Kreis, das uns verbände. Das bedarf der Aufklärung. Sie werden es mir nicht mißdeuten, wenn ich, in aller Aufrichtigkeit, eingestehe, daß mein Auge auf »Kreise« nicht eingestellt ist: ich sehe sie nicht, so sehr bin ich davon erfüllt, daß es sich immer und überall um die Einzelnen handelt. Ich habe nie Unrecht oder Unterdrückung erfahren durch irgend einen Kreis, wohl aber unendlich viel Hilfe und Zustimmung und Bestärkung von Einzelnen annehmen dürfen, die ich jedesmal großmütig und neidlos fand, wo nicht ich selbst, sondern meine gerechtere Arbeit einfach und unmittelbar zu ihnen gesprochen hatte. Vergessen wir nicht und nie, lieber Herr Zweig, daß unsere Arbeit überall, und je besser sie ist mit je seligerer Überzeugung, für uns eintritt; daß gegen sie, ihr Dasein, ihre Wirklichkeit, kein Kreis etwas vermag, ja daß sie jeden Kreis auflöst, indem sie auf die Einzelnen zutritt und mit ihnen ringt in adeliger Art. – Es gibt also keinen »Kreis« für mich in Wien, gegen den ich irgend Vorwurf oder Vorurteil mitbrächte, – wohl aber einen oder zwei sehr große Dichter, deren Werk ich in Ehrfurcht und Bewunderung nenne und deren freundschaftliche Gesinnung ich unter die noch unverdienten, viel zu großen Erträge meiner Arbeit rechne. – Das müssen Sie wissen bevor ich komme, und hören, ohne Unwillen, wie ich vertraue. Es lag mir auf dem Herzen.

Indessen werde ich dieses nächste Mal Ihre so treu und gut versprochene Gastfreundschaft gar nicht nehmen können und Sie nicht einmal sehen; denn, wie die Verhandlungen, in denen ich mit Wien und den anderen Vortragsorten stehe, zeigen, werde ich in den letzten Oktobertagen bis etwa zum zehnten November meine Reise einrichten und abmachen: zu einer Zeit also, da Sie selbst in Italien reisen werden.

Schade: ich wäre Ihnen so sehr gerne begegnet, und es freut mich, dieses Bedürfnis Ihrerseits so spontan aus dem letzten Briefe herauszufühlen. Bis zu meiner kleinen Tournée werde ich hier in Paris sein, hernach, in der zweiten Hälfte des November vielleicht nach Süd-Italien kommen: so daß dann die Möglichkeit unserer Begegnung, die ich so gerne nachholen würde, sich ungezwungen und von selbst einstellte. (Wie alle die notwendigen Dinge einzutreten lieben.) Über die bewußte Gedicht-Auswahl möchte ich lieber mit Ihnen mündlich sprechen. Ich bin nicht bekehrt und möchte wenigstens noch ein oder zwei Jahre weiterwarten und dann die Herausgabe und Auswahl jemandem anderen überlassen – (Ich selbst bin unbrauchbar zu beidem.)[25]

Sie versprechen mir Ihr neues Buch. Ich freue mich aufrichtig darauf. Aber ich habe noch eine Bitte: würden Sie mir wohl einmal Ihre Übertragungen Verhaerens senden wollen, sowie (letzteres leihweise,) was Sie etwa über sein Werk publiziert haben? Es ist wahrscheinlich, daß ich auf der nächsten Reise oder später auch von diesem gewaltigen Dichter reden werde, den wir, in seiner Schlichtheit und unerbittlichen Größe, so nötig haben.[26] Dabei hätte ich sehr auf Ihre Hilfe zu rechnen.

Ihr

Rainer Maria Rilke

Wien VIII
Kochgasse 8
5. August 1907

Sehr verehrter, lieber Herr Rilke,

Ihr Brief war mir, so sehr jedes Schreiben von Ihnen mir sonst ungetrübte Freude ist, peinlich durch die Mitteilung, daß ich nun wieder Sie werde versäumen müssen. Die Hoffnung gebe ich freilich nicht ganz auf: vielleicht, daß ich vorher nach Paris oder Sie später nach Italien kommen – man trennt sich so schwer von einer Hoffnung, die einem fast schon ein Bedürfnis ist.

Und nun vor allem: ich möchte Ihnen nur sagen, daß in dem, was ich von den »Wiener Kreisen« schrieb, meinerseits durch unklaren Ausdruck ein Mißverständnis verschuldet war. Gerade in Wien leben zwei Dichter, die ich unendlich liebe und bewundere, Hofmannsthal und Beer-Hofmann, die ich so sehr liebe, daß ich bei meinen eigentlich flüchtigen Aufenthalten nie Gelegenheit gesucht habe, sie kennenzulernen aus irgend einer Angst, ihnen zu gering zu sein oder ein Störer ihrer Zeit. Was ich meinte, war dies: ich liebe so sehr Ihr Werk und bin so durchdrungen von der Überzeugung, es müsse jedweden, der sich ihm vorurteilslos hingibt, niederbeugen, daß mir immer war, als ob das stete und beharrliche Verschweigen Ihres Werkes irgend einen innern Widerstand zur Ursache haben müsse. Ich kenne hier ein paar junge Leute, die, ich möchte sagen, trunken sind von Ihren Versen, die nichts tiefer ersehnen, als Sie einmal lesen oder reden zu hören, ich sehe, wie diese von Kunst und unserer Kunst nicht reden können, ohne Ihren Namen zu nennen: und sah andrerseits diese Leute, die Kunstschaffen zu ihrem Lebensziel gesetzt haben, unablässig das Neugeschaffene und die neuartigen Werte vergleichend betrachten, und doch so blind an Ihrem Namen und Werk beständig vorbeigehen, daß ich, der diese sonst als Scharfhinblickende kannte, mich erregt fragte, ob sie nicht aus irgend einer Absicht heraus die Augen da verschlossen. Das Gleiche ist mit Verhaeren: er, der mir irgendwie ein Mittelpunkt einer europäischen und im tiefsten Sinne zeitgenössischen Weltbetrachtung scheint, ist nicht einmal ein Name für diese, die doch mit allen Namen des Auslands eifrig agieren und wohl auch ehrlich bemüht sind, alles Neue in das Bestehende einzudeuten. Aber sie stehen – und so meinte ich es – in einem Kreis und sehen nur nach innen: was da hineintritt oder sich mit dem Schatten in diese Fläche schiebt, fällt in ihre Betrachtungen; die Erscheinungen, die aber frei außen schweben, entgehen ihrem Blick und sie haben nicht tätige Neugier und Liebe genug, ihnen nachzugehen. So dachte ich auch das Abgeschlossensein des Kreises, nicht nach Außenhin, als ein Sich-Verschließen, sondern nach innen, als eine Selbstbegrenzung des Blickes. Als Wandernder und eines Ruhepunktes eigentlich Entbehrender wäre ich ja außer Stande mich einem Kreise einzuschließen (und fühle mich viel zu gering, um je ein Mittelpunkt zu sein). So, in diesem ganz äußeren Sinne der räumlich Abgelösten hatte ich gemeint, daß zwischen uns eine Gemeinsamkeit wäre gegenüber dem Ruhenden und schon Eingegrenzten (wobei ich Gemeinsamkeit immer nur so fühle, daß ich Vieles von Ihnen deutlicher empfinden und nachleben könnte, weil es irgendwie Ergänzungen in mir hat.) Im kleinlich literarischen Sinne hab' ich es nie verstanden und, bitte, denken Sie nicht so von mir.

Meinen »Verhaeren« sende ich Ihnen heute.[27] Trotz manchem, das ich heute anders sagte, insbesondere der etwas mit Fremdwörtern überfütterten Einleitung, ist es eigentlich mein Lieblingsbuch, weil es für Verhaeren eine Tat war, und Verhaeren ist mir das vielleicht schönste Erlebnis, seine Zuneigung mein liebster Besitz. Ich weiß nicht, inwieweit es Ihnen bereits vergönnt war, diesem als Menschen unvergleichlichen Künstler persönlich näher treten zu dürfen und die schöne Lebenskunst an ihm zu bestaunen, die aus gütigster und mildester Beobachtung des Lebens langsam sich in ihm aufgebaut hat. Ich würde Ihnen gerne das senden, was ich bisher über ihn schrieb, aber es sind nur Kleinigkeiten: ich halte mich noch zurück, über ihn zu schreiben aus Furcht vor meiner fast leidenschaftlichen Liebe. Ich empfinde ihn als den Größten von heute, wage es aber nicht zu sagen, aus Furcht, wie ich andeutete, dies sei eine aus persönlicher Bewunderung und nicht aus kritisch entwachsener Betrachtung: so lege ich mir ein Zögern auf, das mir manchmal sehr schwer fällt. Ich habe mich in den letzten Wochen sehr gemüht, eine Vortragstournée für Verhaeren in Deutschland zusammenzustellen. Ich fand vielfach Zustimmung, Hamburg, München, Wien, Prag sind sicher, aber die Schwierigkeiten, die Vorträge in eine Zeitreihe zusammenzukoppeln, erwiesen sich für dieses Jahr als unüberwindlich. Vielleicht haben Sie die Güte, die verschiedenen Vereine anläßlich Ihrer Vorträge auf Verhaeren aufmerksam zu machen und mir für nächstes Jahr die Vermittlung zu erleichtern. In Hamburg hat sich auf meine Bitte hin Dehmel, in München Leo Greiner auf das wärmste eingesetzt und Ihre Unterstützung wäre mir da sehr willkommen. Verhaerens Werk verbreiteter und wirksamer zu sehn, ist eines meiner wenigen Ziele, die unabänderlich sind.[28]

Wenn Sie über Verhaeren schreiben wollen, so sind die Bücher von Albert Mockel und Léon Bazalgette[29] als Material unentbehrlich. Bazalgette ist mein liebster Freund in Paris, auch mit Mockel stehe ich recht gut und ich würde mich sehr freuen, dürfte ich Sie mit beiden bekannt machen. Bazalgette ist einer der herzlichsten und prächtigsten Menschen, die ich kenne, Mockel einer der feinsten Köpfe des jungen Frankreich, beide sind intime Freunde Verhaerens. Soll ich ihnen eine Zeile schreiben?

Über Ihre Versauslese freue ich mich, mit Ihnen zu sprechen und hoffe, Sie zu überzeugen. Ich habe oft, besonders im Ausland, wenn ich von Ihnen sprach und man mich nach dem Werke fragte, das man sich kaufen könnte, zögern müssen, weil ich nicht wußte, ob man Sie gleich mit dem reifsten Werke, dem »Stundenbuch« vorstellen dürfte oder lieber mit einem früheren, das aber doch nicht mehr Ihnen entspricht. Dadurch und durch die Schwierigkeit für den Nichtliteraten, sich von verschiedenen Verlegern Werke kommen zu lassen, wurde ich zuerst aufmerksam gemacht, wie schwer Sie es Ihrem Werke machen, sich lieben zu lassen und wie viele Sie um eine Freude bringen, die Sie doch als Schaffender eigentlich innig gewähren wollen. Und ich glaube, solchen Zwecken entgegen sind alle persönlichen Bedenken über Unzulänglichkeiten des Einzelnen und kritisches Schamgefühl arm und matt. Hier wie immer denke ich nicht an den literarischen Erfolg, sondern an die Erfüllung einer vielleicht noch ungeborenen Sehnsucht bei all denen, die Ihr Werk lieben könnten.

Sobald Sie wissen, wann Ihre Vorträge beginnen und enden, senden Sie mir, bitte, eine Zeile mit den Daten Ihres Aufenthalts in Paris, in Wien und in Italien. Vielleicht kann ich es doch noch so einrichten, daß ich Ihnen da oder dort begegne. Jedenfalls grüßt Sie noch früher meine Tragödie. Ihr innig ergebener

Stefan Zweig

Rilke an Zweig

Paris VIe
29 rue Cassette
am 11. August 1907

Verehrter und lieber Herr Zweig,

Ihr Brief konnte nicht anders, als mich herzlich freuen, aufrichtig und wirklich wie er war. Ich danke Ihnen auch für die rasch und schön erfüllte Bitte: durch das Geschenk Ihres Verhaeren-Buchs. Die Einleitung ist gut und unterrichtend und gerecht; aus den Übersetzungen erhebt sich manchmal die versuchte und heraufgerufene Gestalt jener Gedichte, weithinsichtbar; es scheint mir, soweit ich bis jetzt darin gelesen habe, als hätte Ihre fürbittende Liebe Ihnen geholfen, alles irgend Mögliche zu erreichen, wenigstens in einzelnen Steigungen.

Übrigens denke ich, Sie müßten sich nicht zurückhalten. Man übertreibt nicht, wenn man, von Verhaeren redend, alle Liebe, die man für sein Dasein hat, auch an sein Werk wendet, so wie sie ist. Je größer je besser. Ich glaube auch, daß man nie gerechter ist, als wenn man mit aller Hingabe bewundert; und so, von Bewundernden, müssen einer im Kritischsein allzu geübten Zeit die paar großen Gestalten gezeigt werden, die sie nicht zu verhalten vermochte –.

Reden Sie, gerade wenn Ihre Bewunderung unabsehbar ist: Sie werden erstaunt sein über die Macht Ihrer Stimme und über die Bereitschaft, mit der man Sie hört und wiederhört.

Eine Vortrags-Tournée Verhaerens wäre ein Ereignis für Viele und für fast alle jungen Leute, die auf etwas Großes warten. Natürlich werde ich, wo ich irgend kann, davon und dafür sprechen. Aber meine eigene, für den Herbst geplante Reise nimmt nur langsam absehbare Umrisse an und wird vielleicht in einem sehr kleinen Kreise sich schließen. Zu den verschiedenen literarischen Gesellschaften fehlt es mir völlig an Beziehung.

Später werde ich Sie vielleicht wirklich einmal bitten, meine Bekanntschaft mit M. L. Bazalgette einzuleiten. Jetzt sehe ich Niemanden und habe noch für Wochen und Wochen dieses Nicht-Sehen und Nicht-Gesehensein innerlich nötig.[30]

Ich schreibe Ihnen sobald ich von meiner Reise bestimmte Daten geben kann, und hoffe, es kommt, wenn nicht früher, im November in Süd-Italien zu einer Begegnung, zu der es auch meinerseits nicht an Bedürfnis und Stoff und Freude fehlt.

Auf das herzlichste grüßt Sie, lieber Herr Zweig,

Ihr ergebener

Rainer Maria Rilke

(P.S. Ein Brief, den ich Mitte Juli an Herrn Heller schrieb, ist leider verloren gegangen, wie ich aus seiner Zuschrift gestern sah; ich schreibe ihm heute wieder.)

Zweig hielt sich länger als eigentlich geplant (bis etwa zum 23. November) in Italien auf[31]*, und Rilke, nach seinen Vorträgen in Prag (3. November), Breslau (5. November) und Wien (8. und 13. November), begab sich nach Venedig, wo er bis zum Ende des Monats blieb, bevor er nach Oberneuland ging. Es bestand also die Möglichkeit, die von Zweig so ersehnte Begegnung herbeizuführen, denn dieser hätte gewiß aus Rom den Heimweg über Venedig gewählt, wenn er gewußt hätte, daß Rilke dort sei. Im folgenden Jahr wurde ihr Briefwechsel spärlicher. Rilke, im Frühling nochmals auf Capri, später wieder in Paris, war immer noch tief in der Arbeit an der Vollendung des zweiten Bandes der* Neuen Gedichte *sowie an der Prosa des* Malte, *während Zweig mit dem Hin und Her der Erstaufführung des* Tersites[32] *und den Vorbereitungen für seine große Indienreise beschäftigt war, die er gegen Ende 1908 antreten wollte.*[33]

Rilke an Zweig[34]

Paris
77 rue de Varenne
am 8. September 1908

Mein lieber Herr Zweig,

die Vernachlässigung, die ich mir Ihnen gegenüber leider habe zu Schulden kommen lassen, droht zu einer dichten Komplikation sich zu verknoten, wenn ich Ihnen nicht wenigstens sofort mitteile, daß die Karte, die Sie, mit Verhaeren gemeinsam, an mich richteten und auf der ich den Poststempel vom *13. August* lese, heute erst, eben, am Morgen des 8. September, in meine Hände kommt. Ich kann also nichts dafür, daß Sie in diesem Falle ohne Verständigung, ohne Antwort geblieben sind, und ich kann Ihnen versichern, daß ich sofort geschrieben hätte. Nichts hätte mir lieber sein können und von Herzen erwünschter, als im natürlichen und sanften Ausgleich einer persönlichen Begegnung Sie überzeugen zu dürfen, daß meinem Nicht-Schreiben keinerlei Ungutes zugrunde liegt. Es ist nur, daß ich seit Monaten meine ganze Korrespondenz habe verfallen lassen: sie nimmt immer wieder Kraft von der einen einzigen Kraft, die ich habe, und ich habs nicht in der Hand, sie in Grenzen zu halten, wenn ich sie nicht völlig und im Ganzen unterdrücke. Wozu ich denn von Zeit zu Zeit notgedrungen meine Zuflucht nehme. Ein Brief zieht den andern nach sich, und oft passierts mir, daß ich mit einem kleinen Billet die Gespenster von dreißig großen Briefschulden heraufrufe, die dann nicht ablassen, bis ich ihnen mit dreißig ordentlichen und ausführlichen Briefen ihr ehrliches Begräbnis nachgetragen habe.

Bitte, verzeihen Sie mein Versäumnis und streifen Sie alle Nebenbedeutungen davon ab, die sich darangesetzt und darauf niedergeschlagen haben mögen. Meine Hoffnung ist, daß Sie ähnliche Situationen kennen und somit die meine gelten lassen, so wie ich sie Ihnen vorstelle.

Freilich, ich habs ein bischen arg getrieben, Ihnen noch nicht einmal den »Tersites« (scheint mir?) bedankt zu haben: der mir doch viel zu denken gegeben hat; ich kann Ihnen diese Dichtung nicht so im Ganzen nachempfinden, momentan wenigstens, vielleicht weil ich in Übergängen bin, die mich die Tatsache der Häßlichkeit leugnen lehren (wie, entsprechend, ihr Gegenteil: die Schönheit) um mir alles neuer, gerechter, namenloser wiederzugeben mit der Zeit. So daß ich auch die tragischen Konsequenzen der Häßlichkeit im Augenblick nicht so mitfühlen kann, so sachlich Ihre Gestalt sie auch vertreten mag.

Wie gut wärs gewesen, über alles das einige Worte zu wechseln; betreibt man das Briefschreiben lange nicht, so kommts einem arg gewaltsam vor, das Verschiedenste innerhalb vier Seiten abzuhandeln, ohne die Korrektur der Gegenrede und Gegenwart des andern.

Ich hoffe, dies erreicht Sie in Wien. Was für eine herrliche Reise steht Ihnen bevor. Erzählen Sie mir davon. Ich werde heuer gar nicht reisen, vielmehr gedenk ich hier recht fest zu sein und, wie aus Wurzeln herauf, Arbeit zu tun.[35] Immer Ihr

aufrichtig ergebener

R.M. Rilke

Vor seiner Abreise gegen Ende November 1908 schrieb Zweig über die im vorigen Dezember erschienenen Neuen Gedichte *eine Rezension, die nicht nur diese »neue Linie« Rilkes feinfühlig abschätzte, sondern auch zeigte, wie tief er in dessen bisherige Produktion eingedrungen war.*[36]

Stefan Zweig
Rilkes ›Neue Gedichte‹

Ein Essay wäre vielleicht noch zu wenig, ein Buch könnte es bereits sein, wollte man getreulich die merkwürdige und durchaus organische Entwicklung Rainer Maria Rilkes in seinen Gedichten gewissenhaft verfolgen. Es gibt heute schon eine jüngere Generation, die aufwuchs in der Bewunderung seiner Anfänge und, trotz aller wachsenden Ansprüche, stets aufs neue von seinem veränderten Werke befriedigt, in unveränderlicher Treue bei der alten Verehrung beharrt. Von allen deutschen Dichtern der jüngsten Epoche hat sich keiner zuverlässiger, keiner überraschender und keiner glücklicher entwickelt als Rilke – wenn wir Richard Dehmel aus dem Spiel lassen wollen, der in unserer Lyrik ja eine Rolle selbstverständlicher Überlegenheit hat, wie etwa Gerhart Hauptmann in der Dramatik. Das Geheimnis dieser Entfaltung liegt außer in der Intensität der spezifisch lyrischen Begabung bei Rilke in der unerhört gewissenhaften Konsequenz, mit der er jeden inneren Fortschritt bis zum Extrem getrieben, jeder Errungenschaft ihre letzten Folgerungen abgezwungen hat.

Bewunderungswert ist diese üppige Entfaltung aus so schmächtigem Beginn. Anfangs, in den schlanken kleinen Heftchen des Siebzehnjährigen und Achtzehnjährigen, die, längst nicht mehr im Buchhandel erhältlich, nur bei seinen treuesten Bewunderern sich finden, bot er Gedichte, wie sie nicht gerade selten sind (und besonders seitdem), kurze Strophen, sich leise wiegend in ihrer Melodie wie Blüten im ersten Winde, zarte farbige Stimmungen, von einer sanften Musik leicht getragen, bunter Schmetterlingsflug, zart und vergänglich wie diese. Dann kam die Zeit einer größeren Sorgfalt für das einzelne Wort, für »die armen Worte, die im Alltag darben«, und dann für den seltsamen, den verschlungenen, den oft wiederholten Reim, den er mit unglaublicher Virtuosität handhabte. Und immer mehr dehnte er die Grenzen der Dichtung über die Nachbargebiete aus. Betont und klingend durch den Reim, fluteten die Gedichte langsam über in Musik. In ›Mir zur Feier‹ waren viele Verse, in denen der Sinn aufflog vom Wort, um ganz dem Rhythmus, dem Gesang die Stelle zu geben, Gedichte, die gehört werden wollen wie ein Lied und nicht durchforscht auf ihren Sinn. Bis in das Äußerste, bis in das Unmögliche hinein ist hier der Übergang ins Musikalische gebahnt worden; und dann, nach diesem äußersten Erfolge, wandte sich Rilke wieder dem Worte zu, aber nun nicht seiner äußeren Gestaltung, sondern seiner inneren Färbung. Im ›Buch der Bilder‹ ist dieses »Reifen durch Vergleiche«, dies eminent malerische Vermögen, ein nacktes Wort zu umkleiden, den nackten Begriff gewissermaßen zu kolorieren durch ein Bild, die von Musik bereits beflügelten Strophen nun auch bunt sein zu lassen wie Schmetterlinge oder Paradiesvögel, sie, die schon Gesang hatten und Flug, nun auch mit allen Farben der Wirklichkeit zu schmücken, diese eigenartige neuromantische Kunst, Vollendung geworden. So hat er von jeder Phase seines Fortschreitens in die nächste einen Gewinn mitgenommen, so ist sein sinnvoller Aufstieg immer gewichtiger und bedeutsamer an Gehalt. Und so eingedrungen ist die Musik in seine Verse, so stark ihre bildnerische Kraft, daß er in diesem letzten Buche, das mehr schon der Plastik gehört als der lyrischen Malerei und Musik, bei einigen Gedichten zum ersten Male den Reim abzutun wagt, der bisher die fast charakteristischste Eigenart, das rollende Vehikel seiner Verse gewesen.

Das neue Buch* ist so ungemein reich, so über jeden Begriff farbig, so überraschend in den Motiven, daß es müßig wäre, sich

* ›Neue Gedichte.‹ Leipzig, Insel-Verlag. – ›Der neuen Gedichte anderer Teil‹ ist im selben Verlage soeben erschienen.

an einzelnem zu versuchen. Nur im Gesamten soll es betrachtet sein und da wieder nur, inwiefern diese neue Linie ansetzt an die alten und wie sehr sie den inneren Kreis dichterischen Erlebens erweitert. Rilkes anfangs so zärtliche Stimme ist stark geworden in diesem Buch. Selbst der Bibel harter Ton ist dem Melodiker nicht mehr zu herb. Zu Flöte und Violine ist hier kräftig die Fanfare gesellt, zu den sanften Aquarellfarben der starke Meißel des Bildners. War ihm früher ein Gedicht ein Einfangen aus der Flut großer Gefühle, ein abgelauschter Ton großer Harmonien, ein leicht Genommenes von einem Überfluß, ein nur zufällig nach unten ins Leben Niedergebeugtes, so ist es hier ein Wirkliches, ein einzelner kleiner Augenblick, herausgearbeitet aus der Umlagerung, ein singuläres Ding, wie ein Tropfen spiegelnd gegen den Himmel gehalten, ein Gegenstand, den eine Sekunde ganz mit dem Leben seiner Umwelt bereichert, ein Splitter Alltag, eingefügt an seine Stelle im Ungeheuren. In die toten Dinge ist eine Bewegung gebracht, die erschreckend und fast gespenstisch wirkt. Durch den geheimnisvollen Mechanismus der Bilder in Bewegung gesetzt, beginnen sie sich zu rühren, wie die Schatten in den Nächten Bewegung zu haben scheinen, sie trinken eine Lebendigkeit aus dem Menschen, der sie ansieht, werden organisch und beseelt, willenskräftig und schicksalsträchtig. Totes beginnt zu erwachen, Unfaßbares jählings Hände entgegenzureichen. Da ist der alte Platz in Furnes. Ein lebloses Beisammensein von Häusern. Aber bei Rilke

»Ladet der Platz zum Einzug seiner Weite
Die fernen Fenster unaufhörlich ein,
Während sich das Gefolge und Geleite
Der Leere langsam in den Handelsreihn
Verteilt und ordnet. In die Giebel steigend
Wollen die kleinen Häuser alles sehn,
Die Türme voreinander scheu verschweigend,
Die immer maßlos hinter ihnen stehn.«

Jedes Ding ist erschöpft und bis in die letzte Fiber hinein ausgedeutet in Vergleichen. Rilke hat wie Hofmannsthals Held verlernt, »die Dinge einfach schon zu fühlen«. Und nur als Bilder begreift er sie, als ein stetes Aneinandererinnern der Dinge, und so wird das ganze Leben um ihn ein ungeheurer Zusammenschluß, ein ewiges Sicherläutern, ein wechselseitiges Ineinandergreifen. Nichts kann dem Dichter einzeln oder bedeutungslos sein, der es immer schon ganz unbewußt in Beziehung zu den anderen Dingen sieht, der eine geheimnisvolle Durchsichtigkeit des Wesenhaften besitzt, so daß er Farbe, Ton, Geste und Geschichte von Menschen und Dingen losschälen kann wie Blätter, sie einzeln anordnen und schichten nach seinem Willen. Mit diesem beispiellos intensiven Betrachten umreißt er nicht mehr die Gegenstände, sondern er dringt in sie ein, durchmeißelt sie, und nicht mehr der Malerei ist nun seine Kunst genähert, sondern der Plastik. Und wie Rilke Plastik empfindet, mag sein Buch über Rodin bezeugen, dem er durch viele Monate als Sekretär zur Seite stand, von dem er dieses letzte Geheimnis gelernt zu haben scheint, auch im kalten Stein noch Licht und Schatten, Farbe und Bewegung ordnend zu verteilen, ohne Kolorierung polychrom zu sein, nur durch den inneren Rhythmus bewegt, durch die Reinheit der Linie allein melodisch.

Und auch hier ist schon wieder dieses Bestreben bis zum Äußersten gebracht. Auch hier scheint mir ein tieferes plastisches Eindringen nicht mehr möglich und Rilke in manchen Versen vielleicht schon hinaus über die Grenzen der rein dichterischen Kunst. In seinem Wollen ist etwas von der Ungenügsamkeit der verwegenen Alpinisten, die nur noch die nie erstiegenen Gipfel reizen. In drei oder in vier Büchern hat Rilke schon ein immer verschiedenes Äußerstes erreicht, und seine Umkehr war immer ein Beladensein mit Neuem und Niegekanntem. Und so wird auch sicherlich dieser Weg wieder in ein Neues und vielleicht noch Wunderbareres führen, in dem diese unerhörte Plastik – hier noch Selbstzweck – wieder nur Mittel sein wird einer intensiveren Gestaltung und einer neuen Annäherung zu neuen Vollendungen.

Anfang März 1909 in Marseille gelandet, ging Zweig zunächst nach Paris[37]*, wo er sich, wie es scheint, gleich bei Rilke meldete.*

Rilke an Zweig

77 rue de Varenne
Sonntag
[14. März 1909]

Lieber Herr Zweig,

wollen Sie mir die Freude machen und mich Dienstag, den 16., Nachmittag, besuchen? Ich erwarte Sie von drei Uhr an.

Am liebsten wäre ich Ihnen dies selbst vorschlagen gekommen; aber ich habe mit allerhand Unpäßlichkeit zu schaffen und kann nicht ausgehen.[38]

Bis zu mündlicher Begrüßung diese wirklich vorläufige:

Ihr
R.M. Rilke

Zweig an Rilke

[Paris]
[etwa März oder April 1909]

Verehrter Herr Rilke,

wie schade, daß ich Sie versäumte, ich war nebenan in der Nationalbibliothek! Und heute ist's ein Verhängnis; Siegfried Trebitsch, der eben mit seiner Frau ankommt, hat mich noch von Biarritz aus zu Tisch geladen, ich habe keine Möglichkeit mehr, ihn zu verständigen. Sollten Sie den Wunsch haben, ihn zu sehen, so treffen Sie uns beide gegen 2-½3 im Café de la Régence schief gegenüber der Comédie Française (das Café der Scandinavier und Schachspieler); ist Ihnen dies aber nicht lieb, so sagen Sie mir, bitte, mit einem Wort wann ich Sie (mit Ausnahme von Sonntag) sehen darf, ich würde Sie sehr bitten, mit mir zu speisen, mittags oder abends, wann es Ihnen lieb ist. Herzlichst Ihr getreu ergebener

Stefan Zweig

Wahrscheinlich handelte es sich hier bloß um recht flüchtige Begegnungen. Zweig war ja nur einer der vielen Freunde und Bekannten, die Rilke im Frühling und Sommer 1909 aufsuchten, zu einer Zeit, als seine Arbeit, insbesondere am Malte, *fast gänzlich ins Stocken geraten war. »Ich habe keine einzige Zeile während dieser langen Monate geschrieben«, notierte er im Juni in einem Brief an Mimi Romanelli.*[39] *Jedenfalls hielt sich Zweig diesmal nicht lange in Paris auf, wollte er doch mit dem geplanten Buch über Verhaeren beginnen. »Es sind viele, die Verhaeren lieben«, hieß es 1910 in einem Brief an Paul Zech, der sich gleichfalls mit Übertragungen einiger der Gedichte verdient gemacht hatte,*

»aber wahrhaft wertvoll ist doch nur tätige, wirkende Liebe. ... Ich freue mich, bestätigt zu finden, daß immer diejenigen, die es verstehen, sich fremden Werken hinzugeben ..., damit innerlich ihr eigenes Werk kräftigen. Rilke ist da unser allergrößtes Beispiel: eine menschliche Vollendung, die das dichterische Können fast noch überflügelt.«[40]

Als Anton Kippenberg sich Ende 1911 um eine deutsche Ausgabe von Verhaerens Rembrandt-Buch kümmerte und Rilke die Übersetzung vorschlug, zog es dieser vor, Zweig für die Arbeit zu empfehlen:

Rilke an Kippenberg[41]

Duino, 7. Dezember 1911

... Verhaerens »Rembrandt« kannte ich nicht, bin dabei, ihn zu lesen, und zufrieden, dieses leidenschaftlich aufgefaßte Zeugnis, darin ein Schaffender von sich aus das Genie einsieht und im tiefsten Sinne billigt, kennenzulernen. Aber zu einer Übertragung kann ich mich nicht entschließen, es ist etwas im

Ton, was ich nicht träfe, und so wie es jetzt mit mir steht, müßte ich mir mehr als *eine* Gewalt antun, um auch nur einigermaßen bei der Sache zu sein. ... Darf ich die Vermutung aussprechen, daß Herr Zweig, der, von einer gewissen Seite her, dem Ton und der Richtung Verhaerens recht nahe gekommen ist, auch für diese Arbeit geeignete Äquivalente fände, um so mehr, als ihm, der (wie ich glaube) in Holland gereist ist, das Werk Rembrandts im einzelnen viel vertrauter ist als etwa mir ...

Zweig an Emile Verhaeren[42]

Wien [etwa 20. Dezember 1911]

... Die Rembrandt-Angelegenheit ist geregelt worden. Schellenberg konnte das Buch nicht übersetzen. Rilke hat abgelehnt, weil er zu beschäftigt ist. So werde ich es selbst machen ...[43]

1910-1914

»Das Milde und Mönchische in ihm kontrastiert so erhaben mit der Strenge seiner Aufgabe«

Aus den Jahren 1910 bis 1912 – der Zeit, in welcher Rilke den Malte, *die Guérin- und Maria Magdalena-Übertragungen vollendete, sich in Duino aufhielt und Reisen nach Nordafrika und Spanien unternahm; während Zweig sich für Verhaeren einsetzte, den Novellenband* Erstes Erlebnis *veröffentlichte und die Tragödie* Das Haus am Meer *sowie das Rokoko-Spiel* Der verwandelte Komödiant[1] *schrieb – sind keine Briefe zwischen den beiden überliefert. Wohl galt noch immer für den Jüngeren die Angst, einem bewunderten Kollegen »zu gering zu sein oder ein Störer« seiner Zeit. Als er in den ersten Märztagen von 1913 wieder nach Paris kam, galten seine ersten Besuche Verhaeren und Romain Rolland. Sobald er aber erfuhr, daß sich Rilke auch in Paris befand, meldete er sich. (»Ob er sich mir zeigen wird?« notierte er in seinem Tagebuch.)*

Zweig an Rilke

Hôtel Beaujolais
15, rue de Beaujolais
Paris (Palais-Royal)
12. III. 1913

Verehrter Herr Rilke,

ein angenehmer Zufall läßt mich erfahren, daß Sie wieder in Paris sind, wo ich die Freude hatte, Ihnen vor Jahren zum erstenmal begegnen zu dürfen. Ich bleibe noch drei bis vier Wochen: und sollten Sie in dieser Zeit einmal einen freien Abend oder eine nicht Ihrer Arbeit zugedachte Stunde haben, die Sie mir geben wollen, so erfreuen Sie damit sehr Ihren in inniger Verehrung ergebenen

Stefan Zweig

Rilke an Zweig

Paris
17 rue Campagne-Première
am 13. März 1913

Lieber Herr Zweig,

ich werde mich freuen, Sie zu sehen und viel von Ihnen und Ihren Arbeiten zu vernehmen; abends ist nichts mit mir anzufangen, am Besten Sie kommen zu mir, ich bin eben eingezogen, noch in Unordnung, aber doch schon soweit, daß kein Handwerker uns unterbrechen kommen wird. Schreiben Sie mir, wann ich Sie erwarten darf und kommen Sie bald.

Ihr
aufrichtig ergebener
R.M. Rilke

Zweig an Rilke

15, rue de Beaujolais
Hotel Beaujolais
Freitag
[14. März 1913]

Verehrter Herr Rilke,

vielen Dank für Ihre Güte. Und nun: ich gebe Montag ein ganz kleines Dejeuner – *Verhaeren*, der diese Woche verreist, *Romain Rolland*, dem gütigsten, wertvollsten und edelsten Menschen (den Sie kennenlernen müßten, seinen Jean Christophe haben Sie wohl gelesen) und *Léon Bazalgette*, einem alten Freunde. Wir sind vier und ich wäre glücklich, kämen Sie als fünfter mit in ein bescheidenes Restaurant speisen: wir treffen uns *Montag um 12 Uhr* bei mir. Ich weiß, Sie wollen nicht viel Leute sehen, aber Sie lieben doch Verhaeren und ich weiß, Sie werden Romain Rolland sehr bewundern und verehren, seine Freundschaft gehört zu den ganz großen und reinen Dingen meines Lebens. Es wird ein ganz stilles Beisammensein und Sie machen uns allen eine große Freude, besonders Verhaeren, der es bedauern würde, Sie versäumt zu haben (er spricht oft und immer mit Innigkeit von Ihnen).

Ich hoffe, Sie sagen mir kein Nein. Sollte es Ihnen aber nicht möglich sein oder scheinen, so erlaube ich mir, Sie Dienstag gegen drei Uhr aufzusuchen. Ich hoffe auf ein zustimmendes Wort und bleibe Ihr treu ergebener

Stefan Zweig

Rilke an Zweig

Paris
17 rue Campagne-Première
Sonnabend
[15. März 1913]

Lieber Herr Zweig,

diese erste Zeit, in der die wieder sehr geschlossene Regel meiner Tage noch im Werden ist und auf allen Seiten offen steht, muß mir freilich die liebenswürdige Ausnahme erlauben, zu der Sie mich gütig laden: ich werde Montag um 12 bei Ihnen sein.

Allerdings ist es nun etwas beschämend für mich, daß ich den Jean Christophe nicht gelesen habe; ich habe keine Ausrede als mein weniges Lesen überhaupt.

Daß Verhaeren im Fortgehn ist, macht mich traurig: auf ihn, den Großen und unwillkürlich Hilfreichen, hab ich still gerechnet bei meiner endlichen Wiederkehr, im Gedanken, ihn manchmal sehen zu dürfen.

Auf Wiedersehen also Montag.

Ihr
R.M. Rilke

Aus Stefan Zweigs Tagebuch:[2]

Montag, 17. März [1913]. Bei mir versammeln sich Verhaeren, Bazalgette, Romain Rolland und Rilke zu einem Dejeuner, das wir beim Bœuf à la mode einnehmen. Rolland erinnert sehr an das Portrait des Jens Peter Jacobsen, er hat eine wunderbar stille Art zu reden, ohne Mimik, nur mit den (sehr blassen, sehr scharf geschnittenen) Lippen, sein Französisch ist limpid, ohne Affektation. Rilke, der aus Ronda kommt, ist ganz gebräunt, knabenhaft wirkt er auch in seiner Art zu lachen, der prachtvollen Beweglichkeit. Sein Gesicht ist nirgends bedeutsam, die Nase verquollen, kartofflig, die Augen flach und klar, der Mund sinnlich gewölbt, nur die Hände sehr zart. Er hat im Erzählen eine starke Bildlichkeit: sein Besuch bei Tolstoi, wie er die einzelnen in Moskau durch das Gespräch sondert, dann die Erzählung von der blinkenden Scheibe an der Tür, die er visiert, bis T[olstoi] erscheint, der Gang über das Feld, die Begegnung mit dem Bäuerlein, der Zorn der Gräfin. Dann Anekdoten aus Spanien, die Verhaeren prachtvoll bringt, die der beiden Bettler im Kloster, die ihm dann höhnisch Käse anboten; wir sprechen dann über die Notwendigkeit einer europäischen Einigung, ich schlage R[omain] R[olland] ein Tagebuch wie das Dostojewskis vor, er träumt von einer internationalen Revue, was wir bekämpfen, weil *wir* ja international sind und nur Frankreich schlecht informiert.[3] Gespräche über die Tiere, Rilke erzählt prachtvoll (ein Genrebild) von einer Katze, die sich sonnt, Verhaeren von dem Hühnerhof im Caillou[4], beide haben sie eine Intensität der kleinen Beobachtung, die hinreißend wirkt. Nachher noch bei mir, Rilke erzählt von jenem Bild in Palermo, dem Totentanz, Verhaeren gibt seine Theorien über die Entstehung der französischen Malerei. Es ist wirklich Wollust, diese drei Menschen beisammen zu haben, denen die Güte und das Genie gemeinsam ist, unvergeßliche Stunden, die überall das Leben antasten. Wie ich doch mit Rilke fühle, wenn er sagt, immer bei einer Rückkehr nach Paris frage er sich, wozu er reise, da doch hier wahrhaftig Alles beisammen sei. Wir haben noch einen kurzen Weg zusammen und verabreden ein Weiteres.

Ein Gruß ging von diesem einmaligen Treffen an den gemeinsamen Leipziger Verleger:[5]

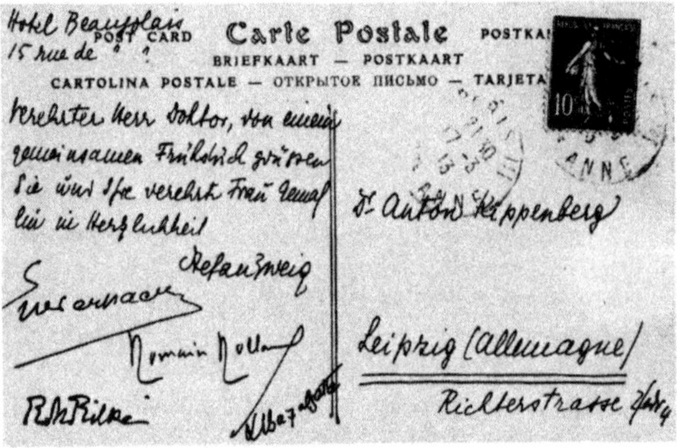

Aus Stefan Zweigs Tagebuch:[6]

Dienstag, 18. März [1913]. Vormittags Besorgungen und Briefe, dann nach Tisch zu Rilke. Er wohnt in der rue Campagne Première, die vergebens ein freies Land verheißt, aber doch hochgelegen ist, ein Atelier mit einem Nebenraum. Wieder wie damals in der rue [de] Varenne wenige Gegenstände, ein altes Bild, sein Wappen, ein Bücherschrank, mächtig der schwarze Schreibtisch und das Pult, an dem er, wie er mir erzählt, vornehmlich arbeitet. Jetzt ist er in einem Stadium der Ermattung, seit 1½ Jahren, seit dem Malte hat er nichts gearbeitet teils aus innern Gründen, teils aus einer Müdigkeit und einem zu starken Blutandrang im Kopf und den Augen. Auch die Übersetzungen hat er unterlassen. In Spanien war er, wie er mir sagt, nur um seines Werkes willen, das Greco und Cézanne am meisten verdankt, sonst ist [er] des Reisens müde, Paris bietet ihm jene höchste Form der Einsamkeit, die nicht bedrückt, weil – wir sprechen da über die romanische Art – es jedem unmittelbare Anteilnahme gestattet. Wir reden von Kassner anläßlich Duinos, in dem er die zwar grandiose aber doch fremde Natur nicht ganz lieben kann, weil er kein Verhältnis findet, was ihm Bedürfnis ist. Ich muß ihm Bücher nennen, er mag Claudel[7] nicht, sehr aber den verstorbenen Henri Franck[8] und auch Vildracs Decouvertes.[9] Wir sprechen von Briefen, er erzählt mir von seiner Korrespondenz, von denen manche Jahr[e] an ihm hinge, und auch wie er Angst empfunden habe, eine vollständige nachzulesen. Er gesteht wie schwer es ihm (im Brief selbst) wird, sich so gegenständlich auszudrücken, wie er es empfindet und ein Tagebuch ihm darum eine Unmöglichkeit bedeute. Er schreibt alles in kleine Notizb[ücher] und wechselt sie immer, die Gedichte in ein ganz winziges Gebetbüchlein, das er mir zeigt. Es sind seine ganzen neuen Gedichte winzig zusammengeballt auf engste Fläche mit seiner zierlichen und doch immer festen Schrift. Ich muß ihm von Suarès[10] erzählen: wunderschön seine ruhige Interessiertheit an allen Dingen, die nie Nervosität wird (wie leicht bei mir). Das Milde und Mönchische in ihm kontrastiert so erhaben mit der Strenge seiner Aufgabe. Wir gehen dann spazieren und in jene kleine Buchhandlung, Suarès zu kaufen, die ihn entzückt. Wir empfinden hier die ganze Seltsamkeit Frankreichs, als man uns die hohen Preise für die Erstausgaben eines Dichters nennt, der nie eine zweite erreicht hat und unser Gespräch erschöpft die Formen des Ruhms, den des Dichters und den des Werkes, auch über die Formen der Achtung vor dem Ruhm. Er erzählt mir selber, wie er einst Zoozmann[11] bewundert habe und schließt die Möglichkeit einer Freundschaft zwischen dem Künstler und dem Dilettanten beinahe ganz aus, weil sie immer Unaufrichtigkeit zur Voraussetzung habe[n] müsse. Von Rodin spricht er viel und mit Herzlichkeit, R[odin] hat seine Empfänge abgeschafft und will etwas ruhiger leben; Rilke spricht von niemandem schlecht und ist von wunderbarer Güte, beinahe zärtlich nimmt er Anteil an meinen Arbeiten. Wir verabreden ein weiteres Beisammensein, dann muß ich zu Verhaeren... Es ist der vorletzte Tag Verhaerens, wir sind wirklich eng und gut bei dem Kamin (nach dem Rilke immer so große Sehnsucht hat, wie er sagt, denn Verhaeren ist ihm der liebste Mensch in Paris)...

Rilke an Zweig

Paris
17 rue Campagne-Première
am 29. März 1913

Lieber Herr Zweig,

entschuldigen Sie, daß ich so lange die beiden mir anvertrauten Bücher behalten habe, meine Zeit hat noch nicht ihre rechte Art und frißt sich selbst.

In der einen meiner Bücherkisten finde ich ein Manuskript des »Cornet«, an das ich nicht mehr dachte: darf ich es Ihnen für Ihre Sammlung anbieten? Es ist zwar nicht die erste älteste Niederschrift, sondern die spätere, etwas veränderte Redaktion der kleinen Arbeit, wie ich sie für den Druck vornahm; so ists keine Sache, die sich im Geringsten rühmen dürfte, etwas vorzustellen: aber Sie mögen wenigstens meinen guten Willen gelten lassen.

Der Insel-Verlag sandte mir zwei Ihrer neuen Bücher; ich freue mich auf das Lesen.

Ich hoffe, Sie werdens einrichten können, einen der ersten Apriltage mit mir zu frühstücken; ich schlage, so wie ichs übersehe, den Tag rechtzeitig vor. Bis dahin, aufs Ergebenste,

Ihr

R.M. Rilke

Aus Stefan Zweigs Tagebuch:

Samstag 29. [März 1913] ... nach Tisch kommt Romain Rolland zu mir. Zuvor werde ich durch eine Sendung Rilkes freudig überrascht: er sendet mir das Manuskript des »Cornet Rilke« mit lieben Worten. Alles ist darin von jener reinen Regelmäßigkeit, die jeden seiner Akte auszeichnet.

Rilke an Zweig

17, rue Campagne-Première
am 3. April 1913 (Donnerstag)

Lieber Herr Zweig,

würde es Ihnen recht sein, übermorgen, Samstag, mit mir zu frühstücken? Es bedarf, in diesem Fall, nicht der Mühe weiterer Nachricht: ich hole Sie um zwölf aus Ihrem Hôtel ab und wir gehen in das kleine italienische Restaurant, wo man behaglich sitzt und (hoff ich wenigstens) immer noch erträglich ißt.

Dank für Ihren schönen Brief.[12]

Herzlichst

Ihr R.M. Rilke

Zweig an Rilke

15, rue Beaujolais
[3. April 1913]

Verehrter Herr Rilke,

freudig erwarte ich Sie Samstag mittags. Gerade Samstag vor einer Woche wollte ich Sie bitten, mit mir und Rolland die (noch nicht öffentlich sichtbare) Sammlung André zu besehn[13] und bedaure jetzt mein Bangen, Sie zu stören, das diese Absicht hemmte, denn ich habe selten ein edleres Beisammensein schöner Werke in so reinem Rahmen gesehn. Ich erzähle Ihnen Samstag mehr davon. Herzlichst getreu

Ihr ergebener

Stefan Zweig

Aus Stefan Zweigs Tagebuch:[14]

Samstag 5. April. Um 12 Uhr holt mich Rilke ab, wir sehen ein paar Gedichte gemeinsam an, dann gehen wir speisen. Er spricht von der Hemmung, von dem Schwererwerden für den deutschen Dichter, dem die sprachliche Vollendung im Weg steht. Für den Franzosen dichtet, sobald er sie einmal hat, die Sprache weiter, der Deutsche muß immer wieder beginnen. Er sagt, daß Dichten für ihn ein religiöser Akt wie Beten sei, das man nicht immer mit gleicher Andacht [könne] und das eine geschlossene innere Stimmung erfordere. Jetzt bei ihm ein Stokken: er hat in Duino ganz große Werke angefangen und müsse wieder zur Geschlossenheit der Stimmung zurück. Er könne nichts anfangen, sondern habe das Verhängnis des Definitiven. Wir sprechen von Hofmannsthal, in dessen nach der Welt gebogener Kurve er das Phänomen eines Abschieds von der Jugend sieht, ein Bedenken, ob die Produktivität ausreiche und das Bestreben, sich neu zu füllen. Ich mache meine Einwände. Sehr freut mich, daß er beide meine Bücher, den Komödianten[15] *sehr* lobt und das »Brennende Geheimnis«[16], daß sogar die Landschaft von Cadenabbia in der kleinen Novellette[17] so stark für ihn Eindruck macht, daß er im Sommer dorthin möchte. Er ist überhaupt unendlich herzlich, erzählt mir von der Bewunderung einer kleinen Russin. Gespräche von Menschen: Rodin, bei dem er die Verlassenheit beklagt, in der er sich jetzt befinde, freilich auch mir das Spekulative zugibt und erzählt, wie seine eigene Unerfahrenheit ihm im Fall Hauptmann die Sache schon nahe brachte und er nie vermutet hatte, daß Hauptmann Geld verlangen würde.[18] Die Verhaeren-Idee will er mit Rodin besprechen.[19] Er liebt sehr Beer-Hofmann[20] und Stucken[21], erkundigt sich nach Levetzow[22], der ihn als Figur intriguierte. Wenige Menschen haben eine so reine und angenehme Art zu reden wie Rilke. Sie ist, wie alles in seinem Wesen, unauffällig, selbst wie sein Gesicht, das durch das Pincenez noch undefinierbarer wird und von dem der Knabe jetzt immer mehr wegschwindet. Er spricht von den meisten Menschen gut und hat selbst für Heymel[23] nur eine sanfte Ironie. Wir sprechen viel von Paris, das wir sehr gemeinsam fühlen, ich begleite ihn bis zum Luxembourg, dann heim...

Zweig an Rilke

Mittwoch
[9. April 1913]

Verehrter Herr Rilke,

wir sprachen jüngst von den schönen Dingen in Paris und da will ich Sie fragen, ob Sie *Robinson*[24] kennen, die lieblichste Probe der Landschaft und besonders jetzt, da die Obstbäume in Blüte sind. Es ist ganz nahe von Ihnen: Sie nehmen am Gare de Luxembourg einen Zug (jede 10 Minuten) und sind in weitern zwanzig ganz draußen und haben einen kurzen Weg in einen schönen Wald, dazu noch, wenn Sie den Sonntag wählen, das belebende Bild der Studenten- und Grisettenkarawanen mit einer Fülle von Übermut. Müßte ich nicht bald fort, so hätte ich dort vielleicht für paar Tage Wohnung genommen, um dem Frühling recht ins Auge zu sehn. Versäumen Sie nicht diese kleine Fahrt, die kaum länger ist als eine in der Métro und sehr befreiend.

Ich freue mich sehr, mit Ihnen ins Carnevalet[25] zu gehen und schlage Ihnen vor, zuvor mit mir zu dejeunieren: ich habe mich an ein reizendes kleines spanisches Restaurant erinnert, das Ihnen gefiele.

Mit vielen Grüßen
Ihr getreu ergebener
Stefan Zweig

Rilke an Zweig

Paris
17 rue Campagne-Première
am 11. April 1913

Lieber Herr Zweig,

danke für Ihren Brief: Robinson, an das Sie mich erinnern, kenne ich gut, bin jedes Jahr draußen gewesen; vor der Hand freilich ist uns ja der schon fast geschenkte Frühling noch mal fortgenommen worden.

Was das Carnavalet angeht, so möchte es noch hinausgeschoben bleiben: einmal bin ich nicht in der Verfassung, etwas zu sehen, (sie wird immer seltener) und dann sind einige vom Süden her durchreisende Besuche[26] angemeldet, denen ich die wenige Zeit, die ich mir verstatte, außerhalb meiner Wände zuzubringen, ganz werde zuwenden müssen.

Vielen Dank für Ihre freundliche Erinnerung und herzliche Absicht.

Ihr ergebener
R.M. Rilke

Zweig an Rilke

15, rue de Beaujolais
Hotel Beaujolais
[etwa 20. April 1913]

Verehrter, lieber Herr Rilke,

ich reise Dienstag ab und will es nicht tun, ohne Ihnen zuvor mit einem Wort ein dankbares Gedenken für gute Stunden zurückgelassen zu haben. Es war mir leid, Sie nicht mehr sehen zu können, doch dies Bedauern froh gemengt mit dem Bewußtsein, daß Sie endlich wieder in die Arbeit eingekehrt sind und für uns schaffen.[27] All meine Wünsche bleiben bei Ihnen zurück, mögen sie unsichtbar Ihr Werk fördern oder nur begleiten.

Ich nehme von Paris nicht viel Fertiges mit[28], wohl aber ein sehr wertvolles Gefühl der Freiheit und Ferne: ich gehe eigentlich nicht ungern fort, eben weil ich spüre, daß auch hier schon wieder Beziehungen zu Menschen und Dingen mich umranken und in diesem sich Entwinden immer neue Kraft sich dartut.[29] Seien Sie nochmals bedankt für Ihre so lieb mir gegebene Gegenwart und gehen Sie nicht an mir vorüber, wenn Sie wieder nach Wien kommen (was wir alle herzlich erhoffen). Ihr getreu ergebener

Stefan Zweig

Rilke an Zweig

Paris
17 rue Campagne-Première
am 21. April 1913

Lieber Herr Zweig,

mir sind die letzten Wochen sehr schnell vergangen, ich habe gar nicht gedacht, Ihre Zeit könnte schon abgelaufen sein; es tut mir leid, daß wir uns nicht mehr gesehen haben.

Leben Sie nun wohl und haben Sie Dank für die freundlichen Stunden; ja ganz besonders Dank für die mit Romain Rolland hergestellte Berührung: er ist bei mir gewesen, ich bei ihm; wir haben einander viel zu sagen, und ich seh voraus, daß diese unvermutete Nachbarschaft mir nach und nach Freude und Förderung eintragen wird, in die gleichmäßigen Tage meines nun endlich wieder sich bildenden hiesigen Lebens.[30]

Sie können sich denken, daß ich nun den Jean-Christophe mit Aufmerksamkeit lese. Ich kam darüber weniger zu Suarès und muß mich entschuldigen, daß ich Ihnen sein Buch jetzt erst wiedergebe.

Von Wien aus, wenn Sie einmal daran denken, lassen Sie mir Levetzows Buch[31] schicken, nicht wahr?

Ich freue mich, daß Sie in so gutem Gefühle fortgehen und wünsche Ihnen herzlich ebensolche Heimkehr und Tätigkeit.

Ihr
R.M. Rilke

Aus einem Brief von Stefan Zweig an Paul Zech, etwa Sommer 1913:[32]

... Mich widert diese Gier eine Zeile Literaturgeschichte zu werden bei diesen neuesten Lexikern so unsäglich an: denken Sie an Storm, Keller, Rilke, um die Lächerlichkeit dieses Eifers ganz zu empfinden. In Paris war ich mit Rilke. Seine Einsamkeit ist menschliches Labsal. Er liest keine Kritiken, arbeitet an Zeitschriften nicht mit, bildet sich in seiner Stille, hört die Welt und sieht sie ohne jedes Medium der Literatur. Ihm müssen wir nachstreben in diesem Sinn und in vielem fühle ich schon Sicherheit, wenn mir auch die Kraft zum letzten Verzicht noch fehlt.

Aus einem Brief von Stefan Zweig an André Suarès vom 14. August 1913:[33]

... Ich denke zunächst an eine beschränkte Auflage [von Suarès' *Cressida* im Insel Verlag, in Zweigs Übersetzung] mit einigen Luxusexemplaren: ach, wenn man nur Zeichnungen von Rodin dazu haben könnte! Dies wäre meines Erachtens gar nicht unmöglich, da der Insel Verlag gerade jetzt im Begriff ist, eine hervorragende Edition von Rodin herauszubringen (der Text ist von Rainer Maria Rilke, wohl der schönste Essay im Deutschen).[34] ...

Rilke an Zweig

Hotel Marienbad
München
am 16. September 1913

Mein lieber Herr Zweig,

seit ein paar Tagen will ich Ihnen schreiben: ich hatte hier eine überaus sympathische Begegnung mit dem holländischen Dichter Frederik van Eeden[35], dessen Werk Ihnen sicher bekannt ist, und der Ihnen schon deshalb kein Fremder sein dürfte, als, wie ich fühle, seine Bestrebungen mit denen Romain Rollands in einem gewissen Einvernehmen (bewußtem oder unbewußtem) stehen.[36] – Van Eeden sprach mir hier sehr schüchtern von einer Absicht, in der ich ihn höchst eigenmächtig ermutigte, wissend, wie sehr man gerade bei Ihnen immer, sooft es sich um die Propagierung geistiger Werte handelt, auf den unbedingtesten Beistand rechnen darf. Es scheint, daß van Eeden einen, für seine Ideen überaus wichtigen indischen (bengalischen) Dichter aufgefunden hat, den, holländisch und deutsch zu verbreiten, er sich im Innersten bewogen fühlt: er wird nun wahrscheinlich nächstens mit der Bitte an Sie herantreten, Sie möchten der deutschen Fassung die Sorgfalt einer letzten Durchsicht zuwenden; ich vermute, daß Ihnen diese zunächst ja äußerliche und rein formelle Arbeit vielleicht doch nicht unerwünscht wäre, weil sie Ihnen avant la lettre einen Einblick in die Welt eines, wie van Eeden empfindet: großen, Dichters verschafft, über den bisher (soviel ich vernahm) außer dem Mercure de France, noch niemand sich kundig zu äußern vermochte.[37]

So sei Ihnen also, lieber Herr Zweig, van Eeden's Bitte in aller Wärme anempfohlen. Mit dem Wunsche, Sie möchten den Sommer gut verbracht haben, bin ich, herzlichen Gedenkens und aufrichtig,

Ihr
R.M. Rilke

Zweig an Rilke

VIII. Kochgasse
Wien
18. Sept. [1913]

Verehrter, lieber Herr Rilke,

ich empfinde Ihr Gedenken als so ungemein ehrend, daß Sie mir die kleine und sicherlich genußreiche Arbeit zu einer wahrhaften Freude machen: einem Dichter vom Range van Eedens und einem Menschen von so großzügigen moralischen Absichten helfen zu dürfen, bedeutet zufriedenere Stunden für mich als eigenes Schaffen, bei dem ich Unzulänglichkeit nur zu oft mich bedrücken fühle.

Gestern war ich in Leipzig, blätterte in den noch losen Bildbeigaben zu Ihrem »Rodin« und freute mich für Dr. Kippenberg, daß er Sie in Ägypten als Reisegefährten haben wird.[38] Sollten Sie jetzt noch nordwärts reisen, so gedenken Sie vielleicht der Einladung meiner Hamburger Freunde (Dr. Harald Hansen und Dr. Ami Kaemmerer)[39] bei ihnen in kleinem Kreise zu lesen. Es sind beide Menschen vortrefflichster Art, die hinter einer großen Bescheidenheit feinstes Aufnahmegefühl bergen und Ihnen durch menschlichen Takt einen solchen Abend zu einer dauernd wertvollen Erinnerung gestalten würden. Sie könnten auch bei ihnen wohnen und Hamburg, diese lebendigste deutsche Stadt, doppelt genießen, ohne das lästige Gefühl, sich in Ihrer Vorlesung Fremden preiszugeben: Ihre Verse werden dort oft abends in stillerem Kreise gesprochen und Sie wären keinem ein Fremder. Ein Wort der Zustimmung, wann immer an mich gerichtet, ordnet die Angelegenheit (deren materieller Teil sicherlich in vornehmster Art geregelt wird) in kürzester Frist: Sie sind dort immer erwartet und immer willkommen.

Meine Wünsche sind stets getreu bei Ihnen und Ihrem Werk: mögen Sie schönen Herbst haben mit Freude und Frucht! In inniger Verehrung Ihr ergebener

Stefan Zweig

Zweig an Rilke

[etwa 16. März 1914]

Sehr verehrter Herr Rilke,

Dr. Kippenberg's liebster Wunsch wäre es, eines oder mehrere der Gedichte Verlaines, insbesondere der liturgisch-hymnischen von Ihnen übersetzt zu sehn. Sie zweifeln wohl nicht, daß dieser Wunsch auch der meine ist und Sie die Freude Ihrer Zusage nur noch durch die ihrer Erfüllung übertreffen können.

Von Samstag an bin ich wieder in Paris im alten Heim[40] und würde mich sehr freuen, einen Nachmittag mit Ihnen sein zu dürfen. Ihre Anwesenheit zählt wie die Verhaerens und Rollands heute schon zu den Dingen, die mir Paris lieb machen, so wie manche Kirche und der ein[e] oder andere Anblick und die ich nie versäumen möchte, weil ich sonst das Gefühl der Stadt nicht voll empfinde: es würde mir etwas Bedeutsames fehlen.

Mit vielen herzlichen Grüßen

Ihr getreu ergebener

Stefan Zweig

Zweig an Rilke

15, rue de Beaujolais
Hotel Beaujolais
[18. April 1914]

Sehr verehrter lieber Herr Rilke,

meine Pariser Zeit geht zu Ende und ich würde mich sehr freuen, dürfte ich sie noch mit einer Begegnung mit Ihnen abschließen. Bitte machen Sie mir die Freude und holen Sie mich *Mittwoch* zwischen 12 und 1 zu einem gemeinsamen Dejeuner ab: ich schreibe gleichzeitig an Romain Rolland und möchte nur noch eine Dame Frau Friderike Maria von Winternitz[41] dazu bitten, eine Dichterin, von der in nächster Zeit ein sehr bedeutendes Buch[42] erscheint und die kennen zu lernen vielleicht auch Ihnen nicht unwillkommen sein wird. Ich grüße Sie auf das herzlichste als Ihr getreu ergebener

Stefan Zweig

Rilke an Zweig

Paris
17 rue Campagne-Première
Sonnabend abend
[18. April 1914]

Mein lieber Herr Zweig,

sicher hätte ich mich schon gemeldet, aber seit wir uns gesehen haben, hat mir eine Art Grippe zu tun gegeben, und soweit sie mich nicht beschäftigte, war ich zu allem anderen ziemlich unfähig und der mindesten Unternehmung abgeneigt. Dieser leidige Zustand hat einige Schuld, daß ich morgen noch einmal auf Reisen gehe, zu Freunden nach dem Süden[43], so ists mir verwehrt, Ihrem Ruf zu Mittwoch zu folgen –, ich bedauere es herzlich, denn ich rechnete mit unserem Wiedersehen die ganze Zeit und nun geht's mir doppelt nach, da Sie mir sagen, daß ich auch Romain Rolland versäume. Ich bitte Sie, ihm herzlich von der Wärme zu sprechen, die ich für ihn habe.

Alles Gute für den Rest Ihrer Pariser Zeit und die freundlichsten Grüße

Ihres
ergebenen
R.M. Rilke

Zweig an Rilke

VIII. Kochgasse
Wien
4.V.1914

Sehr verehrter Herr Rilke,

es ist mir, hoffe ich, gelungen das Verlaine-Gedicht »Agnus Dei« aufzufinden, das Sie als eines jener erwähnten, die Sie für die Übersetzung sich vormerken wollten: es würde mich froh machen, fänden Sie sich selbst einige andere, denen Sie Ihre Kunst widmen wollen und je mehr, desto lieber.

Paris ist schon ganz weit weg von mir, ganz wieder gesellig

mit Erinnerungen anderer Jahre und ich war nur sehr beglückt, Wien bei der Rückkehr – die ich immer so sehr fürchte – unbeschreiblich schön zu finden, ganz in hellem Grün und mit seinen vielen Gärten leuchtend. Wie selten haben Sie es, zu unserem Bedauern, so gesehen! Ich bin gewiß, Sie würden in diesen Monaten Wien als eine andere Stadt empfinden und vor allem als eine sehr liebenswerte.

Ich hoffe Ihr Unwohlsein ganz behoben und mit der Lust am körperlichen Wohlbefinden die des Schaffens verstärkt und erneut: ich habe gestern erst drei Sonette Michelangelos gelesen und warte nun begierig auf die Ihren.[44]

In Verehrung getreu

Ihr

Stefan Zweig

Zweig an Rilke

VIII. Kochgasse
Wien
[etwa 26. Mai 1914]

Sehr verehrter Herr Rilke,

hier noch ein *Verlaine*-Gedicht, das ich Ihnen nebst den schon gesandten gerne zur Übertragung nahelegte: es scheint mir schwer und schön, also Ihrer Mühe wert. Ich denke oft an die Pariser Tage und wünsche nur, daß sie sich bald wieder erneuten.

Getreulichst ergeben Ihr

Stefan Zweig

Paris
17 rue Campagne-Première
am 28. Mai 1914

Lieber Herr Zweig,

noch am selben Tag an dem Ihr Brief vom 4. d.M. mich (in Assisi) erreichte, hab ich eine Übertragung des Agnus Dei versucht, – bisher aber war ich im Zögern, sie Ihnen zu schicken, weil sich die Sache, möglicherweise, auch noch ganz anders machen ließe.

Heute indessen, da wieder ein Verlaine mit aufmerksamen Worten von Ihnen eintrifft, sende ich Ihnen immerhin jenen Versuch, damit Sie nicht meinen, es wären Ihre Sendungen, eine nach der andern, an mir verloren. Wie gesagt, unter allen Vorbehalten des Anders- und Bessermachens.

»Paraboles« ist wohl noch schwerer und ich kann noch nicht sagen, ob ich mich daran wagen werde. Aber Dank für jeden Hinweis und für dieses besondere Vertrauen.

Ihr
aufrichtig ergebener
R.M. Rilke

Agnus Dei

Es sucht das Lamm die Bitterkeit der Heide,
zieht Salz dem Zucker vor auf seiner Weide,
sein Schritt wird laut im Staub, daß ich ihn nicht vom
Regen unterscheide.

Will es ein Ziel, so ist nichts anzufangen,
kopfstoßend starr durchstemmt es sein Verlangen,
dann blökt es seiner Mutter zu, der bangen.

Lamm Gottes, das der Menschen Heil beginnt,
Lamm Gottes, das uns zählt und kennt und findt,
Lamm Gottes, sieh, erbarm dich dessen, was wir sind!

Gib uns den Frieden, nicht den Krieg bescher,
Lamm, schrecklich in des rechten Zornes Wehr,
o du, einziges Lamm, Gott und Gottvaters Einziger!

Zweig an Rilke

VIII. Kochgasse 8.
Pfingstsonntag
[31. Mai 1914?]

Sehr verehrter lieber Herr Rilke

ich danke Ihnen innigst für Ihre kunstvolle Wiedergabe des »Agnus Dei«, es war das schönste Pfingstgeschenk, das ich mir wünschen konnte. Hoffentlich haben Sie die Zusendung jenes anderen Sonettes nicht als Zudringlichkeit empfunden: es war mir gerade in diesem Gedicht irgend etwas Inkommensurables, das mir das Gefühl rege machte, Sie allein könnten es in deutscher Sprache wieder zum Gedicht formen.[45] Dank im voraus für alle Mühe, die Sie daran wenden und viele Grüße aus festlich-schönen Frühsommertagen.

Ihr getreu ergebener
Stefan Zweig

1914-1918

»Die innere Erstarrung, in der ich lebe«

Sowohl Rilke wie Zweig wurden durch den Ausbruch des Krieges überrascht. Zweig begab sich im Juni 1914 nach Belgien, mußte aber wegen der wachsenden Spannung nach dem Attentat von Sarajewo auf seinen alljährlichen Besuch bei Verhaeren verzichten und nahm Ende Juli den letzten Orient-Expreß nach Wien. Rilke, gleichfalls ahnungslos, verließ Paris am 19. Juli, suchte zunächst Lou Andreas-Salomé in Göttingen auf, die aber bald nach München mußte. Er reiste dann nach Leipzig zu seinem Verleger Anton Kippenberg. Außer dem Reisegepäck hatte er seine ganze Habe in Paris (rue Campagne-Première) zurückgelassen. Am 1. August fuhr Rilke nach München, in der vergeblichen Hoffnung, Lou noch dort zu finden – und blieb vorläufig da, um, wie geplant, den Arzt Wilhelm von Stauffenberg zu konsultieren. Zweig, im Herbst als »Einjahrsfreiwilliger« einberufen, erwirkte schließlich im Dezember 1914, durch eine Intervention Franz Karl Ginzkeys, seine Versetzung ins Kriegsarchiv in Wien.

Zweig an Rilke

VIII. Kochgasse
Wien
1. Mai 1915

Sehr verehrter lieber Herr Rilke,

ich höre, daß Sie in München sind und der Anlaß, der mich Ihrer gedenken läßt, lenkt dieser Stadt entgegen. Sie haben gewiß im letzten Heft des »Simplicissimus« die ordinäre Karikatur Ellen Keys gesehn.[1] Wie immer man über ihre Haltung denken mag – ich habe wundervolle Worte des Anteils von ihr gelesen – dies dürfte doch nicht erlaubt sein, eine edle weißhaarige Frau in Posen der Brünstigkeit darzustellen: ich habe selten ein Spottbild so als widerlich empfunden und fürchte, daß es in

Schweden wahrhaft erbitternd wirken muß. Mir ist es aus persönlichen (militärischen) Gründen jetzt untersagt, öffentlich polemische Stellung gegen eine solche Geschmacksverletzung zu nehmen – vielleicht könnten Sie, der Sie einerseits doch E[llen] K[ey] nahestehen und andererseits den Herren des S[implicissimus] bekannt sind, wenigstens brieflich protestieren. Ich habe mich für diese Menschen geschämt, als ich die widrige Anpöbelung einer Frau sah, die wehrlos von je gegen jeden Haß, selbst in diesen Tagen gegen die Verhetzung der Völker sich erhoben hat.

Ich denke oft unserer guten Stunden in Paris. Das Alles ist für mich unwahrscheinlich ferne geworden: ich arbeite hier 7 Stunden täglich im Kriegsarchiv (ich hatte mich seit Monaten dazu gemeldet) und bin so wenigstens für Stunden durch angestrengte Arbeit von dem Gefühl des Leidens frei, das mich seit dem ersten Tage gefaßt hat und in mir sich schmerzhaft verbreitet. Ich war in Belgien, wollte wieder wie alljährlich zu Verhaeren, da kam dieses Geschehen, das uns wohl für immer entfremdet – denn ohne irgendwie fanatisch zu sein, halte ich es für unmöglich, mit ihm zu verkehren, solange er nicht jene Worte der Verleumdung und Verstoßung öffentlich zurückgenommen, so wie er sie öffentlich gesagt hat.[2] Was ich an ihm verliere, können Sie wohl ermessen, der Sie wußten, wie nahe ich ihm stehen durfte, aber einen Freund zu verlieren, ist ein Geringes in dieser Zeit, wo Väter und Gatten zu Tausenden sterben. Ich könnte nach diesen Worten nie mehr ohne Mißtrauen mit ihm sprechen (so sehr ich seinen Schmerz zu ehren und zu begreifen vermag).

Ein einziger Mensch hat mir in diesen Tagen Unendliches an Güte erwiesen und wenn ich nicht in Verzweiflung vergangen, in der Absperrung erstickt bin (ich verstand mich schlecht in diesen Dingen mit fast allen Menschen hier) so danke ich es ihm. Das war Romain Rolland. Seine Briefe in dieser Zeit – soweit sie mich erreichten – waren mir die Verbürgung, daß nur scheinbar die wirkliche Welt von den Meinungen und Flutungen der Stunde bestimmt wird, daß die reinen Kräfte, die zur Einheit und Bindung drängen, unerschütterlich sind. Er ist nicht um einen Zoll von seiner europäischen Brüderschaft gewichen und seine Güte habe ich nie mehr erfahren als in dieser Zeit.[3] Ich werde Ihnen davon einmal viel zu erzählen haben: hoffentlich bald!

In getreuer Verehrung
Ihr ergebener
Stefan Zweig

Ein Protest Rilkes dem »Simplicissimus« gegenüber ist nicht bekannt. Ihm stand gerade die erste Musterung in München bevor, und er schrieb zu dieser Zeit überhaupt wenige Briefe, es sei denn an den Fürsten von Thurn und Taxis in Wien und an andere hochgestellte Personen, die ihm möglicherweise zu einer angemessenen Regelung seiner Militärangelegenheiten verhelfen konnten. Diese wurde im November dringlich, als ihn die zweite Musterung für dienstpflichtig befand und der Befehl erfolgte, sich am 4. Januar 1916 bei der Truppe in Turnau in Böhmen zu melden. Er eilte im Dezember nach Wien, die Bemühungen seiner Freunde blieben jedoch vorläufig ohne Erfolg, außer dem Entgegenkommen, daß die Einberufung nach Hütteldorf statt Turnau beordert wurde.

Inzwischen hatte er am 4. September die alarmierende Nachricht erhalten, daß alles, was er in Paris zurückgelassen hatte, im April wegen der noch ausstehenden Miete »versteigert« worden war. Vergeblich hatte er schon im Oktober 1914 versucht, die Miete bis zum Ende des Jahres und darüber hinaus bis März 1915 zu begleichen, indem er Kippenberg bat, ihm eine diesbezügliche Summe aus einem »Legat« zu übermitteln, das ihm im Herbst von Ludwig Wittgenstein unbekannterweise zugefallen war: doch die Überweisung blieb aus. Denn der vorsichtige Verleger war keineswegs geneigt, Rilke frei über das Kapital verfügen zu lassen.[4]

Aus einem Brief Rilkes an Anton Kippenberg

z. Zt.: Widenmayerstr. 32 III^{b}/Koenig,
am 5. Oktober 1915
(am 7. abgeschickt)

... Es ist eine Art, wenn man so sagen darf, Unglück geschehen; ich habe alle meine Sachen in Paris verloren, mein ganzes Eigentum also, von dem ich nun mit gutem Gewissen zugeben kann, daß es ein mehr inneres, denn nur äußerlich angeeignetes war. Wirklich, von den paar ererbten Gegenständen und dem nötigsten Zubehör abgesehen, nur der unvermeidlichste Niederschlag, wie ihn die Bewegung der Arbeit mit sich bringt. Das alles ist fort, Bücher, Papiere, Anmerkungen, alle Briefschaften –, ich mag nichts Einzelnes nennen, um nicht mein Gedächtnis in dieser Richtung anzuregen, im April versteigert auf Betrieb des Hausherrn, der zu seiner Miete kommen wollte.

Lieber Freund, daß Sie mich nicht (wie oft hab ichs gedacht, aber da ich jenen Verlust erfuhr, hab ichs beinah gerufen:) daß Sie mich nicht im ganzen unbeschränkten Besitz jenes Legates gelassen haben, das mir vor einem Jahr durch das erstaunlichste Wunder zufiel! Ich konnte damals und kann jetzt Ihren vorsichtigen Vorschlag, dieses Vermögen zu verwalten, nicht tadeln, im Gegenteil ich fand in ihm den Begriff Ihrer Freundschaft recht besonnen dargestellt, – aber ich werfe mir vor, darauf eingegangen zu sein: da ich mich doch kannte, da ich doch empfand, daß dieses Geld mir, *mir* durchaus gegeben sei. Hätten Sie mich gewähren, hätten Sie mich diese Fügung in meinem innersten Sinne verwenden lassen, – hätten Sie! statt sie mir vormundlich einzuschränken. Im Besitze dieses Geldes hätt ich unbedingt nicht nachgegeben, hätte Mittel gefunden, die Erlaubnis erwirkt, meine Miete weiterzuzahlen –, ich weiß von Leuten, die auf diese Art ihre Sachen bis jetzt gesichert haben –, nichts wäre vielleicht verloren gewesen. Und, was mich selbst angeht, wie wäre mein Frühling, wie wäre mein Sommer anders geworden – und diese bösen Wochen jetzt – das sieht nach Vorwurf aus, ist aber tatsächlich nur die Einsicht, der Aberglaube, wenn Sie wollen, mit der, mit dem ich zu manchen erstaunlichen Schickungen meines Lebens eingestellt bin; jene Gabe eines Unbekannten im vergangenen Herbst gehört zu den unbegreiflichsten, und sie war, mein Gott, sie war mir eben *gegeben*, wie ich immer mehr fühle, in einem so eigentümlichen Sinne, daß ich, wenn sie nicht zufällig über den Insel-Verlag gegangen wäre, mir nie ein Gewissen daraus gemacht hätte, Sie Ihnen zu verschweigen. Denn vielleicht sollte ich der Mensch sein, der in jenem Augenblick über solche Gelder verfügt, vielleicht sollte ich meine Entschlüsse im Bewußtsein dieses Besitzes fassen –, es wäre mancher, der fällig war, anders gefallen, vielleicht sollte ich mit diesem Gelde etwas Bestimmtes tun, erreichen, verändern, was wissen wir? wozu allem es nicht gekommen ist, weil Ihr bedeutender Rat, schließlich Ihre Autorität des älteren Freundes und erfahrenen Verwalters mich gehindert hat, das Eigentumsgefühl einer so bedeutenden und rätselhaften Überlassenschaft überhaupt anzutreten. Indem ich, werter Freund, einem lange zurückgehaltenen Unmut so weit nachgebe, ja ihn vor Ihnen bis auf den Rest ausschütte, tadele ich (das muß wiederholt sein) mich, *mich*, kann mich nicht beruhigen über den unbegreiflichen Fehler, den ich gemacht habe, indem ich eine außerordentliche Fügung, ein Wunder, das mich so rein betraf wie ein Traum in der Nacht, in eine Geschäftserwägung und bürgerliche Berechnung ausgehen ließ –, diese Vermischung konnte nichts als Trübung ergeben, und kaum hatte ich sie verstattet, so drängte auch schon der Vorwurf in mir, nicht ein habgieriger, leichtsinniger, sondern der geheimnisvolle Vorwurf, den jedes Gemüt zu beschwichtigen hat, das zu rasch vom wunderbar Unerfaßlichen zum bedachtsam Nützlichen übergeht...

Rilke, der Zweig an Weihnachten 1915 in Wien besuchte, erzählte auch ihm von seinem Verlust. Daraufhin griff Zweig sofort die Möglichkeit einer Kommunikation mit Paris über den in Genf lebenden Romain Rolland auf, in der Hoffnung, daß es doch noch nicht zu spät sein möchte, etwas zu retten.

Aus einem Brief Stefan Zweigs an Romain Rolland[5]

[Wien,] 30. Dezember 1915

Lieber verehrter Freund,

... Ich wollte Ihnen heute noch etwas erzählen, was Sie durch Sympathie sicherlich so schmerzlich wie ich mitzuempfinden vermögen. Ich sprach gestern Rainer Maria Rilke, der in Militärangelegenheiten nach Wien mußte, und erfuhr, daß in seiner Abwesenheit seine ganzen Pariser Möbel, seine Manuskripte, seine Briefe aus zehn Jahren plötzlich versteigert wurden und für ihn anscheinend unwiederbringlich verloren sind. Es sind Werke dabei, an denen er in seiner langsamen, sorgsamen mönchischen Art jahrelang gearbeitet hat, Notizen, Entwürfe von unwiederbringlichem Wert für ihn – und da er doch einer unserer ersten Dichter ist – für die ganze deutsche Kunst. Und all dies, weil er die Miete nicht übermitteln konnte! Ein ganzes Stück seines Lebens ist damit brutal abgebrochen, Jahre seiner Produktion zerstört und der Schaden, der einem Menschen durch solches Erlebnis getan wird, ist an einzelnen Büchern ja nie zu ermessen. Sie mögen sich denken, mit welchem Mitgefühl, welcher Erbitterung ich daran denke, daß kostbarste geistige Dinge an Gewürzkrämer für ein paar Sous verschleudert wurden, die damit Zucker und Gemüse einwickeln. Ich glaube, auch Zeichnungen Rodins, alter Schmuck, etc. sind verlorengegangen – wer wird ihren Wert bei der Auktion zwischen Tür und Angel erkannt haben! Solche Dinge können, mehr als Schlachten und Gehässigkeiten, Bitternis zwischen Nationen erwecken, weil sie *mutwillige* Zerstörungen sind, mutwillige Gehässigkeit gegen Wehrlose. Ich weiß ja, es sind Tausende, Zehntausende solcher kleiner Tragödien geschehen, aber diese ist besonders ergreifend, da wir den Wert gar nicht wissen, der dabei verlorenging. Uns, die wir in Rilke einen der reinsten und dauerndsten Dichter der Zeit verehren, konnte Grausameres kaum geschehen, und auch Sie werden gewiß diese Tragödie zu würdigen wissen, die zwei Häuser weit von dem Ihren geschah. Ich sprach Rilke nur ganz flüchtig und möchte nicht viel davon reden: es hat ihn schwer getroffen, um so mehr, als er der Frau, die ihn dort bediente, ganz vertraute und hoffte, sie würde sein Eigentum zu schützen wissen....

Stefan Zweig

Romain Rolland an Zweig

Agence Internationale des Prisonniers de Guerre
Genf, 7. Januar 1916

Mein lieber Freund,

soeben erhalte ich Ihren Brief vom 30. Dezember. Was Sie mir über Rilke schreiben, läßt mein Herz bluten. Warum, warum hat er mich nicht früher unterrichtet? Noch heute schreibe ich an Copeau und Gide, die ihn bewundern und lieben, damit sie, wenn möglich, die Trümmer des Schiffbruchs retten mögen. Aber es ist leider sehr spät; alles dürfte schon zerstreut sein. Gewiß ist eine derartige Nachricht, eine der grausamsten, die ich erfahren konnte, zur Schande des menschlichen Geistes. Sagen Sie Rilke mein herzlichstes Mitgefühl...

Auf Wiedersehen. Ich halte Sie auf dem laufenden. Heute nur diese Zeilen, mit meiner herzlichen Freundschaft.

Romain Rolland

Romain Rolland an Jacques Copeau[6]

Agence Internationale des Prisonniers de Guerre
Genf, 7. Januar 1916

... Ich erhalte eine Nachricht, die mir großen Schmerz bereitet und der gegenüber Sie nicht ohne Mitgefühl bleiben können, so wie Gide. Dem guten, unschuldigen Rilke, der in Paris, 17, rue Campagne-Première, wohnte, wurde mitgeteilt, daß alle seine Möbel, alle seine Manuskripte, alle seine Briefe kurzerhand verkauft und verschleudert worden sind. Das ist ein für die Kunst unersetzlicher Verlust und ein Schlag von einer sinnlosen Grausamkeit gegen den sanften Denker und Dichter. Ich leide nicht nur seinetwegen, sondern auch im Hinblick auf das französische Renommée. Wollen Sie so schnell wie möglich sehen, ob es kein Mittel gibt, die Trümmer des Schiffbruchs zu retten? Tun Sie, was Sie können zur Ehre Frankreichs! ...

Romain Rolland

André Gide an Rolland

Paris, den 11. Januar 1916

Mein lieber Romain Rolland,

ja, ich weiß, ich war überlastet; ich weiß, Rilke hätte uns schreiben sollen ... Trotzdem! ich verzeihe mir nicht, daß ich dies nicht vorausgesehen und dementsprechend gehandelt habe, als es noch Zeit war. Offen gesagt, ich hätte nicht gedacht, daß so etwas möglich sei, und ich zweifle, ob der Zwangsverwalter hier wirklich so gehandelt hat, wie er hätte handeln sollen.

Nach dem Empfang Ihres Briefes bin ich mit Copeau in die rue Campagne-Première geeilt: es ist nur allzu wahr, alles wurde verkauft (verstreut?) vor etwa einem Jahr, sagte die Concierge – eine brave Frau, die weinte, als sie uns das erzählte. Es ist ihr gelungen, die Briefe und Manuskripte in Koffern zu verstauen, alle Papiere, scheint es, die nicht »zum Verkauf« standen. Zur Zeit befinden sich diese Koffer in einem Atelier oder einem Schuppen; er ist nicht vermietet, aber das kann von heute auf morgen geschehen (die Concierge würde mich in diesem Fall benachrichtigen). Ich habe den Zwangsverwalter heute nicht sprechen können, aber ich gebe die Hoffnung nicht auf – wenn er guten Willens ist –, daß es mir dank seiner Auskunft noch gelingen wird, ein paar Bücher oder Gegenstände, an denen Rilke am meisten gelegen sein dürfte, wieder zusammenzuholen. Ich werde Ihnen dann wieder berichten.

Ich hatte (und habe) eine sehr lebhafte Zuneigung für Rilke; zweimal bin ich (vor etwa sechs Monaten) in seinem Haus gewesen, um zu fragen, ob man etwas von ihm wisse; aber die Loge der Concierge war verschlossen.

Nein, ich kann mich nicht trösten und mir nicht verzeihen, daß ich nicht imstande gewesen bin, beizeiten für einen Freund das zu tun, was zu vollbringen ich nur allzu glücklich gewesen wäre.

Glauben Sie an mein herzliches Gedenken.

André Gide

Zweig an Rilke

VIII. Kochgasse
Wien
13.I.1916[7]

Sehr verehrter Herr Rilke,

Rolland war aufs tiefste erschüttert, als ich ihm vom Verlust Ihrer Pariser Dinge schrieb und hat sofort, ohne daß ich ihn bat, Nachfrage eingeleitet, ob Gide oder Copeau einiges retten können. Es wird alles geschehen, was noch möglich ist, Sie dürfen seiner Energie vertrauen, die im Helfen unendlich ist. Vielleicht informieren Sie ihn noch genauer, damit er in seiner Tätigkeit wirksamer zu sein vermag (Genf-Champel, Hotel Beau Séjour).

Ich hoffe Ihre militärischen Dinge nach Wunsch erledigt. Mögen Sie bald wieder mit sich und Ihrer Arbeit sein! Getreulichst ergeben

Ihr Stefan Zweig

Aus Stefan Zweigs Tagebuch:[8]

Sonntag 16. [Januar 1916]. ... Vormittags kam plötzlich Rilke. Er ist ganz vernichtet durch den Dienst. Er kann kaum sprechen. Für ihn ist es Erinnerung an seine Knabenzeit. »Schon einmal hat das mein Leben zerstört, ich habe geglaubt, mich davon erholt zu haben und jetzt faßt es mich von neuem.« Er wird nicht gut behandelt, seine Protektion hat ihm geschadet, weil von zu hoch oben herab sie zwischen die Menschen fuhr. Ich mag so sehr sein stilles leidendes Gesicht, unschön zwar, aber von der rührenden Art eines sanften Tieres. Sein Blick ist so ernst und still, seine Worte so wunderbar einfach. Er leidet sehr am Kriege, mehr vielleicht wie wir alle. Seine Manuskripte scheinen endgültig verloren zu sein.

Zweig an Romain Rolland

[Wien,] 17. Januar 1916

Lieber verehrter Freund,

ich danke Ihnen vor allem für Ihre Bemühungen in Sachen Rilke. Rilke war heute (in Uniform) bei mir, er ist gerührt von Ihrer Anteilnahme, aber infolge seiner körperlichen und seelischen Erschöpfung momentan wohl außerstande, Ihnen sofort zu schreiben. Sie werden schon gelegentlich von ihm hören – er hat das Bedürfnis, Ihnen zu danken. Sein momentaner Zustand ist wirklich der einer äußersten Depression: Sie wissen ja, wie zart seine Nerven sind, wie impressionabel und labil sein seelisches Gleichgewicht. – Er ist furchtbar mitgenommen, und ich war sehr erschüttert von unserer Begegnung. Es kommen da viele Umstände zusammen, und der Verlust seiner Manuskripte ist hier nur ein Glied in einer grausamen Kette, die an seinem Schicksal hängt. Daß es gerade ihn so hart trifft, ist uns allen, die wir ihn lieben und bewundern, besonders schmerzlich ...

Stefan Zweig

Zweig an Rilke

VIII. Kochgasse
Wien
17. Januar 1916

Lieber verehrter Herr Rilke,

ich wollte Ihnen nur sagen, daß ich jeden Augenblick die Möglichkeit habe, Ihren Oberst oder Herrn Oberleutnant Tiller für Sie interessieren zu lassen. Ihrem Wunsche folgend habe ich bisher *nichts* veranlaßt, kann aber jederzeit, sobald Sie mich verständigen, eine Intervention veranlassen. Dies für den Fall, daß Sie irgendwelche Schwierigkeiten haben sollten.

Wegen der Ärzte weiß ich noch nichts zu sagen: jedenfalls findet sich auch da noch ein Weg nicht der Beeinflussung, die ja unmöglich ist, aber doch der Informierung über Ihre literarische Stellung. Hier bei uns ist alles Ihnen bereit und Sie werden immer erwartet. Hoffentlich ist es bald so weit.

Mit vielen Grüßen Ihr ergebener

Stefan Zweig

Über Rilkes erste Tage bei der Truppe erzählt Siegfried Trebitsch in seinen 1951 veröffentlichten Memoiren Chronik eines Lebens *eine Episode*[9], *die – wenn auch vielleicht mehr Dichtung als Wahrheit – die Qualen des Dichters anschaulich darstellt (die nicht bloß zwei Tage, sondern volle drei Wochen dauerten, bis er endlich dem Kriegsarchiv zugeteilt wurde):*

Nun stand er eines Morgens als Soldat in der Kaserne, wußte nicht aus noch ein, war innerlich verzweifelt und hätte sicherlich bald den rechten Weg gefunden, wenn ihm der nicht in der Gestalt eines Feldwebels zunächst verlegt worden wäre, der, eine Liste der ihm zugewiesenen Rekruten in der Hand, die rechts und links von Rilke aufgestellt waren, auf ihn zuschritt und vor ihm mit dem Anruf stehenblieb:

»Wie heißen S'?« Blaß und bedrängt antwortete der Poet in den Zwilchhosen: »Rainer Maria Rilke.« – »Was?« wurde er angeschrien. »Wem wollen S' denn einreden, daß Sie Maria heißen? Seit wann heißt ein Mannsbild Maria? Da müßt' man ja Mitzi zu Ihnen sagen! So schaun S' auch aus.« Rilke stammelte verlegen: »Oh, ich bin ja nicht der einzige. Denken Sie nur an Karl Maria von Weber, den Komponisten des ›Freischütz‹!« – »Mir san hier keine Freischützen, mir schießen nur auf Kommando. Ich rat' Ihnen gut, packen S' die Maria ein, Rainer Rilke!« Dann schritt er an dem Betroffenen vorbei.

Am nächsten Morgen – die Nacht hatte Rilke schlaflos auf seinem Strohsack verbracht – wurde er von der rauhen Stimme seines unmittelbaren Vorgesetzten, der ihm seinen Namen übelgenommen und zugestutzt hatte, angerufen: ›Kommen S' herunter, Mitzi, von da oben! Gewehrgriff' üben! Vorwärts!« Rilke kletterte benommen und blicklos von seiner Schlafstätte hinab und wurde erst einmal ohne Gewehr gedrillt, als die Tür zu diesem Mannschaftszimmer aufflog und General von Höhn in Begleitung der Prinzessin Thurn und Taxis eintrat. Es herrschte Totenstille. »Ist hier ein gewisser Rainer Maria Rilke?« fragte der General, auf den Feldwebel zutretend. Rilke hatte seinen Namen gehört und die erlauchte Frau gesehen, die um sein Schicksal besorgt war. Von keinerlei Disziplin angekränkelt, eilte er zu seiner Beschützerin und an die Seite des ihn mit einer Handbewegung begrüßenden Generals, der ausrief: »Aber so ein Irrtum! Wie kommen denn Sie da herein? Wir brauchen Sie im Archiv wie einen Bissen Brot!«[10]

Romain Rolland an Zweig

Agence Internationale des Prisonniers de Guerre
Genf, am Montag, 17. Januar 1916

Mein lieber Freund,

würden Sie Rilke bitte sagen, zwar sei es nur allzu wahr, daß alles verkauft worden ist, daß es der Concierge aber, die eine brave Frau ist und weinte, als sie es erzählte, gelungen sei, die Briefe und Manuskripte in den Koffern zu verwahren – alle

Papiere, scheint es, die nicht »zum Verkauf« standen. Freunde, denen ich mitteilte, was passiert ist, und die sich darüber heftig erregten, sind auf der Suche nach dem Rest, um einige der wichtigsten von den verstreuten Gegenständen einzusammeln.

Von Herzen Ihr

Romain Rolland

Aus einem Brief von André Gide an Romain Rolland

Am 25. Januar 1916

Mein lieber Romain Rolland,

ja, ich habe Ihren Brief erhalten ... Ich habe mit der Antwort gewartet, um Ihnen ein bißchen mehr berichten zu können. Folgendes hat sich ergeben:

Ich habe den Zwangsverwalter aufgesucht. Gewiß habe ich mein ... Erstaunen über die summarische Art, wie dieser Verkauf sich abgespielt hat, ein wenig zu deutlich gezeigt ... Aber so habe ich wenigstens den Namen des Sachwalters erfahren können, der sich mit der Versteigerung befaßt hatte – des Sachwalters, der, durch einen glücklichen Zufall, Mitglied des Komitees des »Foyer Franco-Belge« ist, dessen Vizepräsident ich bin – und zugleich auch Mrs. Edith Whartons Sachwalter ist, die sich gleichfalls unserem Flüchtlingswerk widmet und Rilke persönlich kannte. Ich habe ihr die Geschichte erzählt, sie war genau so empört darüber wie wir. Durch den Sachwalter habe ich den Namen des Taxators erfahren: die Namen der drei wichtigsten Käufer der Bücher, die in Posten eingeteilt waren.

Im ganzen hat der Verkauf – sowohl der Bücher als auch des Mobiliars –, glaube ich, 538 Francs erbracht. Das ist ein schamloser Betrug ... Noch heute (seit gestern erst kenne ich die Namen der Käufer) bin ich dorthin geeilt, wo ich ihren Laden zu finden meinte – aber es sind Büchertrödler ohne Laden (?), die nicht zu Hause waren ... und die man nur antrifft, wenn man sich mit ihnen verabredet (wie mir die Concierge sagte); was ich auch tun werde.

Ich möchte Rilke so gern beruhigen können wegen seiner Manuskripte. Aber angesichts des bösen Willens des Zwangsverwalters wird er mich wohl kaum die Papiere einsehen lassen. Dazu würde man sicherlich ein paar Zeilen von Rilke selbst benötigen – warten Sie damit, bis ich von dem Sachwalter weiß, wie man vorgehen muß. Zunächst hoffte ich, daß ich selber die beiden Koffer mit Papieren zu mir nehmen könnte, in meine Obhut, aber es ist vielleicht besser, wenn man sie in der Obhut des Zwangsverwalters beläßt, der ... wahrscheinlich doch ehrlich ist. Wie gerne möchte ich annehmen, daß *alle seine persönlichen Papiere* in Sicherheit sind.

Ich kann nicht begreifen – noch mich trösten –, daß Rilke weder Ihnen noch mir, noch seiner Concierge geschrieben hat, die er als so zuverlässig kannte. Das kleinste Wort von ihm hätte so leicht all das verhindern können. Immerhin hätte er doch ahnen müssen, daß er, wenn er über ein Jahr seine Miete schuldig bleibt, eine Pfändung riskiert ... Es ist da im Grunde nichts Ungesetzliches geschehen – und die Tatsache erscheint uns nur deshalb monströs, weil wir wissen, welch harmloses und schmerzempfindliches Geschöpf Rilke ist [...]

Auf Wiedersehen. Glauben Sie an meine Ergebenheit.

André Gide

Aus Stefan Zweigs Tagebuch:[11]

Mittwoch, 26. [Januar 1916]. ... Bei uns[12] jetzt Rainer M. Rilke, den ich durch die Nachricht erfreuen kann, Rolland habe einen Teil seiner Manuskripte retten können.

Aus André Gides Tagebuch

Samstag, 29. Januar 1916

Ziemlich guter Tag. Der Vormittag ausgefüllt mit der Niederschrift der Geschichte von der Beschlagnahme von Rilkes Eigentum, wovon sich keine Einzelheit im Gedächtnis verflüchtigen darf.

André Gide
Bericht über die Geschichte der Beschlagnahme von Rilkes Wohnung

Die »Bemühung«, auf welche dieser Brief anspielt, bestand darin, daß ich Rilkes Bibliothek, seine persönlichen Papiere und sein Mobiliar, das während des Krieges der Beschlagnahme verfiel, wiederzubeschaffen versuchte.

Nachdem Romain Rolland mich darauf aufmerksam gemacht hatte, nahm ich mich dieser Sache von Herzen an. Ich wäre so gerne in der Lage gewesen, Rilke, jenseits der Feindseligkeiten, sein ganzes Eigentum, so wie er es in seiner kleinen Wohnung in der rue Campagne-Première zurückgelassen hatte, im Namen seiner Freunde und im Namen Frankreichs, unversehrt zurückzugeben. Ich suchte also Monsieur H. auf, seinen Zwangsverwalter. Leider stieß ich auf chauvinistische Böswilligkeit, dumm und eigensinnig. Alles, was ich ihm über Rainer Maria Rilke sagte, hatte nur den einen Erfolg, daß er gegen mich eingenommen wurde und daß ich mich ihm verdächtig machte. Welche Gründe wohl konnte ich haben, mich um das Eigentum eines Deutschen zu kümmern? Überdies war es zu spät. Alles war in der rue Drouot versteigert worden. Einzig den Namen des Taxators, der sich mit der öffentlichen Versteigerung befaßt hatte, konnte ich von Monsieur H. erhalten. Immerhin aber erfuhr ich, daß die Summe, die durch diesen absurden Verkauf sich ergeben hatte, nicht einmal ausgereicht hatte, die sehr niedrige Miete zu decken, die Rilke seinem Hausbesitzer schuldete, derart, daß nichts ungerechtfertigter, nichts unanständiger, Frankreichs unwürdiger hätte sein können, nichts aber auch ungeschickter. Selbst wenn man es unter einem rein praktischen Standpunkt betrachtet (den Hausbesitzer zu entschädigen) und unter einem »patriotischen«, wäre es doch darauf angekommen, soviel Geld wie möglich aus diesem Verkauf zu gewinnen. Ich will die Ehrlichkeit des Zwangsverwalters nicht in Zweifel ziehen, eines »gebildeten« Menschen, der immerhin den Wert der Objekte, die er versteigerte, vollkommen kannte; *wer* also profitierte von dieser Verschleuderung? Gewiß nicht der Hausbesitzer und gewiß nicht Frankreich.

Diese Versteigerung einer Anzahl von seltenen und kostbaren Büchern, Erstausgaben mit Widmungen, einer Sammlung von Stichen, Originalzeichnungen Rodins, Möbeln und Gegenständen des 18. Jahrhunderts usw., war nirgends angesagt worden. Der Taxator, den ich aufsuchte, gab mir die Namen von drei »Buchhändlern« oder Trödlern, die unauffällig alles en bloc gekauft hatten, zu Spottpreisen. Mir blieb noch ein wenig Hoffnung, daß es mir gelänge, wenn ich mich beeilte, die Bücher wiederzufinden und zurückzukaufen, und daß ich so, wenigstens teilweise, die Bibliothek meines Freundes hätte rekonstruieren können. Ich konnte nicht einmal jene drei Käufer ausfindig machen, Leute ohne Laden, ohne festen Wohnsitz, dunkle Existenzen, die meinen Nachforschungen, meinen Zugriffen auswichen und von denen einer, als ich ihn endlich, dank mancher List, stellen konnte, beteuerte, er verstünde nicht, was ich von ihm wollte, er könne sich an nichts erinnern, er sei nur ein Zwischenhändler und besitze nichts mehr von dem, was er im Auftrag anderer gekauft habe.

Alles, was ich tun konnte, war, zwei Kisten mit persönlichen Papieren, Korrespondenzen, Manuskripten im Keller der Buchhandlung Gallimard sicherzustellen, Papiere, welche Rilkes ehrliche und eifrige Concierge als »Gegenstände ohne Wert« dem patriotischen Eifer des Monsieur H. und der Habgier der Schmarotzer geschickt hat entziehen können.

A. G.

Aus einem Brief von Romain Rolland an Zweig

Agence Internationale des Prisonniers de Guerre
Genf, am 30. Januar 1916

Mein lieber Freund,

[...] Können Sie mir die Adresse von Rilke geben? Ich möchte ihm sagen, wie sehr sein herzliches und melancholisches Telegramm[13] mich gerührt hat. Würden Sie ihn wissen lassen, daß Gide alles unternimmt, was er nur kann, um, nach Möglichkeit, das Unrecht wiedergutzumachen, das da geschehen ist. Aber warum hat Rilke uns niemals geschrieben? Hätte er uns vor einem Jahr darauf aufmerksam gemacht, wäre es ein leichtes gewesen, seine Miete zu bezahlen. Bedenken Sie, daß man sogar, wenn ich ein Jahr lang keine Miete zahlen würde, das Recht hätte, meine Möbel zu pfänden; – und ich glaube, daß man es tun würde. Wie dem auch sei, ich hoffe jedenfalls, daß seine Papiere nicht gelitten haben; Gide schreibt mir, daß sie beschlagnahmt sind. Er kümmert sich eifrig darum.

Ihnen herzliche Grüße und der lieben kleinen Gruppe Wiener Freunde meinen Dank.

Romain Rolland

Im Kriegsarchiv wurde Rilke mit äußerstem Wohlwollen behandelt. »Wir müssen ihm, der Form halber, wohl eine Arbeit geben, aber – sie wird nicht dringlich sein«, meinte Oberst Veltzé[14], sein Vorgesetzter. Ginzkey, der die »literarische Gruppe« leitete, führte ihn in »ein abgelegenes, dem Geiste vergangener Zeiten besonders geweihtes Zimmer, ... an allen Wänden angefüllt mit riesenhaften, in weißes Leder gefaßten Aktenbüchern aus Maria Theresias Zeiten und aus den napoleonischen Kriegen«, »zeigte ihm am Fenster ... einen Tisch, einen Stuhl, ein Tintenfaß, eine Feder und bedeutete ihm, daß dies in Zukunft sein Arbeitszimmer sei. ... Er sei hier völlig sich selbst überlassen, und er werde mich, seinen ›Zwischenvorgesetzten‹, so bald nicht wieder erblicken«.[15]

Er litt jedoch noch immer am Kriege, Wien selbst war ihm »eine Qual, muß es jedem präzis eingestellten Menschen sein«, wie er an Kippenberg schrieb, »es ist die Ungenauigkeit selbst ...«[16]

Aus Stefan Zweigs Tagebuch:[17]

Donnerstag 3. [Februar 1916]. Oft jetzt Gespräche mit Rilke. Er denkt über Belgien ganz wie ich, auch ihm hat dieser Anfang jeden Enthusiasmus verleidet. Er ist ein Mensch, der sich um der Arbeit willen vom Leben abgesperrt hat, er kann nur arbeiten wenn er während dieser Wochen auf Wort, Brief und Begegnung verzichtet. Darum wohl auch seine Scheidung.[18] Er hat sich entschieden, sich halb geopfert um mit der andern Hälfte ganz zu sein. Es gibt eben wohl keine gemischten Zustände in diesen wie andern letzten Dingen. Menschlich mag ich ihn um dieser Einheit willen sehr. Rührend seine Furcht, er müsse bei uns ein Wort über den Krieg schreiben – er ist in seiner Gewissenhaftigkeit eine vorbildliche Vollkommenheit.

Montag 21. [Februar 1916]. Nachzutragen. Samstag [19. Februar] war Rilke bei mir. Stundenlang. Wir haben viel zusammen gesprochen, ich verstehe jetzt seine Absicht besser. Er wollte (nach der musikalischen Epoche) die Wirklichkeit abmodellieren. Alles, was immer. Er stellte sich Aufgaben. Das Karussell, der Panther sind solche Aufgaben. Jetzt will er nur aus innerer Vision mehr schaffen, aber mit gleicher Intensität. Deshalb verzichtet er auf Reisen. Mit welcher Inbrunst er meine Manuskripte sah, wie er alles überhaupt aufgetan nimmt. Für ihn gibt es kein Gleichgültiges. Alles ist ihm gleichmäßig wichtig, er statuiert reine Werte, nimmt jedes für sich.

Aus einem Brief von Stefan Zweig an Franz Strunz, Direktor an der Wiener Urania, vom 17. Februar 1916:

»Der Eine hat die glückliche Gabe, einen noch so ausführlichen Essay in einem Zuge hinzuschreiben, der Andere (und ich fürchte, daß ich zu diesen gehöre) sieht gerade im Essay eine der wertvollsten Formen des Kunstwerkes und hämmert, bosselt vier oder fünf Mal an einer solchen kleinen Studie ...« In der von Julius Bab herausgegebenen Reihe »Die Kunst« seien »39 Bände ertrunken, zerronnen, vergessen«, während »der eine *Rodin* von Rainer Maria Rilke ehern und unvergänglich lebt über unsere Zeit hinaus«.[19]

Aus einem Brief Rilkes an Katharina Kippenberg[20]

Wien XIII. Hietzing.
Hopfners Park-Hotel
am 2. März 1916

Liebe Freundin,

sehen Sie gütig über das improvisierte Briefpapier fort, auf meine unmittelbare Absicht, Ihnen ein paar Grüße zu schicken; Stefan Zweig, mein guter Nachbar hier im Amte, richtete mir neulich die Ihrigen aus. ...

Was mich selber angeht, so wird Ihnen Zweig geschrieben haben, wie schwer ich mich in Wien zurechtfinde, besser gesagt gar nicht, – Heller ist aus einer Buchhandlung eine betriebsame Konzert-Direktion geworden, so daß ich nicht einmal dort, unter Büchern, eine Art Besinnung finde. Das Ärgste ist der fortwährende Müßiggang, wozu ich durch die Fremdheit meines Arbeitsgebietes verurteilt bin, die anderen Herren sind seit anderthalb Jahren eingearbeitet und haben, von ihrer Tätigkeit aus, auch lange keinen so weiten und gewaltsamen Schritt zu machen gehabt, wie ich tun müßte, um im nun Gegebenen Fuß zu fassen. Unmöglich für mich! ...

Rilke an Friderike Maria von Winternitz[21]

Wien XIII. Hietzing
z. Zt. Hopfners Park Hotel
Freitag [7.IV.1916]

Alles, liebe gnädige Frau, war in Ihrem Briefe (und seiner Beilage)[22] so reichlich da; aber ein kleines fehlte, worüber fast alle Verständigung unmöglich geworden wäre: Ihre Adresse.

Zum Glück war Stefan Zweig da, dem ich sie nun verdanke –, Langegasse 39, hoffentlich ist sie die rechte, gültige.

Ich darf mich anmelden, sagen Sie –, ja, hier tu ichs nun. Morgen Abend Samstag speise ich bei einem Freunde in Ihrer Nähe. Darf ich vorher eine Stunde bei Ihnen sein? Er erwartet mich um halb acht; ich käme also um 6 oder kurz nach sechs zu Ihnen?

Dankbar,
Ihr ergebener
Rainer Maria Rilke

Rilke an Zweig

[Briefkopf:
Hotel Bristol
Wien]
Montag [22. Mai 1916?]

Mein lieber Herr Zweig,

in Eile, mit der Bitte in der Kanzlei zu sagen, daß meine Adresse für ein paar Tag[e] *Rodaun*, Hôtel Stelzer ist; ein Umbau in der Victorgasse und ein Besuch aus München sind die Gründe[23] –, nebenbei hoff ich Gutes davon für meine Nervenschmerzen, die die letzten Tage schlimm waren.

Von draußen meld ich mich bald einmal bei Frau v. W[internitz] und bei Ihnen.

Grüße
Rilke

Rilke an Friderike Maria von Winternitz[24]

Rodaun
Gasthof Stelzer
Dienstag [27. Juni 1916?]

Meine liebe gnädige Frau,

wir haben uns über dem schlechten Wetter eben rasch entschlossen, schon diesen Tag in die Stadt zu ziehen, – wenn ich rechtzeitig mit allem fertig werde, so will ich noch selbst kommen, um zu dem zurückgegebenen Klappsessel den herzlichsten Dank zu sagen;[25] aber ich bin nicht ganz sicher, daß ichs noch kann. Packen ist meine langwierigste Beschäftigung!

Frau Albert war sehr überrascht über Ihre gütige Zuwendung der Lenau-Briefe[26] und dankt herzlichst. Was das Sammelbuch[27] angeht, so gesteh ich geradezu, daß mir die einzelne Aushebung von Stücken aus dem Stundenbuch nicht recht lieb ist: da aber schon da und dort Verse daraus stehen, so kann ichs nicht ganz verwehren. Ich überlasse es *Ihrem* Ermessen, gnädige Frau; wenn Sie dafür sind, so mag es sein.

Mit den ergebensten Grüßen

Ihr
R.M. Rilke

Zweig an Rilke

VIII. Kochgasse
Wien
[Sommer 1916]

Lieber verehrter Herr Rilke,

gestatten Sie, daß ich Sie auf einen Mißbrauch aufmerksam mache, der mit Briefen von Ihnen getrieben wird: zum zweitenmal in kurzer Zeit finde ich in Katalogen, die mir als Autographensammler zugehen, Briefe von denen ich vermute, daß ein öffentlicher Verkauf nicht in Ihrem Sinn gelegen sein kann. Ich lege Ihnen das Blatt bei, das für die Auktion am 25. November eine Korrespondenz von Ihnen ankündigt.[28] Vielleicht – ich weiß da nicht Bescheid – haben Sie ein Rechtsmittel, dies verhindern zu lassen.

Botschaft von Freunden trug mir zu, Sie seien wieder in Ihrer Arbeit[29] und ich war dieser Nachricht innig froh. Hier ist alles wie vordem, ich vermag mich noch immer nicht zu gewöhnen an das, was seit zwei Jahren nun schon mein täglicher Tag ist. Allerherzlichste Grüße Ihres getreuen

Stefan Zweig

Zweig an Rilke

VIII. Kochgasse 8
Wien
23. April 1917

Sehr verehrter Herr Rilke,

Professor Kippenberg übermittelt mir Ihre Anfrage an die Insel, ob in der geplanten und so peinlich verzögerten Verlaine-Ausgabe schon Übertragungen von »Les coquillages« und »La lune blanche« enthalten seien.[30] Nun sind es gerade diese beiden Gedichte, die besondere Maßnahmen in meinem Plane nötig machen: die Übertragungen von »Les coquillages« von Wiegler, Kalckreuth u.a. scheinen mir unzulänglich und ich hoffe auf eine vollendete. Und »La lune blanche« ist für mich das unübersetzbare Gedicht par excellence, inkommensurable Musik jenseits der Sprache. Je mehr es übersetzt, je weniger es melodisch nachkomponiert wurde, umso ferner will es mir im deutschen Wort erscheinen und ich habe für dieses eine Gedicht folgende Umschreibung in Aussicht genommen: im Text beabsichtige ich die Umdichtung Dehmels aus Respekt und alter Liebe (seit Jahren klingt's mir im Ohr) zu bringen, im Vorwort oder Nachwort an diesem sinnfälligsten Exempel die Möglichkeit und die Grenze aller lyrischen Nachdichtungen zu zeigen, indem ich das Original und sechs Nachdichtungen (Dehmel, Stefan George, Schaukal, Evers, Kalckreuth, Hardt) nebeneinanderstelle.[31] Gerade dies unfaßlichste aufgelösteste lyrische

Gedicht soll Nachgewinn und Verlust bei einer Übertragung gewissermaßen typisch im Beispiel zum Ausdruck bringen und die Entscheidung von mir fort an jeden Einzelnen zurückgeben. Ihr gelegentlicher Rat, ob Sie solche Probe für ziemlich finden, wäre mir in vorbereitender Stunde dann natürlich von hohem Wert.

An Vergessenes und innerlich längst Entwöhntes hat diese Anfrage mich gemahnt, ich mußte erst aus einem Kasten die verstaubten Blätter holen und spürte, wie ferne diese drei Jahre mich von einstmaligem Eifer für die Ausgabe gemacht haben. Ich habe ganz in eigener weitausgreifender Arbeit gelebt und tagsüber in jenen Räumen gedämmert, die Sie wohl noch manchmal wie eine schwere Wölbung voll Druck und Dunkel erinnernd auf sich fühlen mögen. Aber ich bin schon seit April nach Rodaun geflüchtet[32], vergebens freilich dort helle freundliche Tage erwartend und lebe geduldig-ungeduldig in mich hinein, immer tiefer, immer vehementer mich wegwühlend von der Oberfläche der Zeit. Im Archiv ist wenig Neues, Polgar hat zu unserem Grauen die Hand Polyphems[33] gegriffen und wir fragen uns, mit – freilich schon abgenütztem – Schauer, wen sie als nächsten faßt. Alle freuen wir uns aber oft und innig, Sie auf abseitigem Gestade zu wissen und gedenken Ihrer in Herzlichkeit. Daß Sie sich dem »Donauland«[34] entrungen haben, war mir persönlich eine Freude, der ich mit allem innern Widerstand mich dort gegen eine innigere Verkettung unserer Absichten mit jenen ganz feindlichen und widerwärtigen wehre. – Freilich, das darf ich Ihnen nur im Stillen sagen.

Empfangen Sie, verehrter Herr Rilke, meine herzlichsten Grüße und Wünsche! Ihr getreu ergebener

Stefan Zweig

P.S. Von meiner großen Arbeit erlöst, schreibe ich jetzt ein kleines Buch der Erinnerung an Verhaeren. Es ist nur für seine und meine Freunde bestimmt und wird nie an die Öffentlichkeit gelangen. Möge es Ihnen gute Stunden von einst wieder in

Erinnerung erneuern und seine verlorene Gegenwart wiederbringen helfen! Ich schreibe es mir selbst zu Trost und Freude und weiß erst im Aufblättern der Erinnerung, wie dankschuldig mein ganzes Wesen ihm sein muß und die Tragik unseres Verlustes, die im ersten Erschrecken hart und schneidend war, löst sich mir jetzt in das dankbare Gefühl, einen solchen Menschen erlebt zu haben.

Die eben vollendete »weitausgreifende, große Arbeit« Zweigs war die schon 1915 begonnene dramatische Dichtung Jeremias, *in der er seine Antikriegsgesinnung zum Ausdruck brachte.*[35] »Von Anfang an glaubte ich nicht an den ›Sieg‹ und wußte nur eines gewiß: daß selbst wenn er unter maßlosen Opfern errungen werden könnte, er diese Opfer nicht rechtfertigte. ... So wurde es nur natürlich für mich, die eigene, die tragische Situation des ›Defaitisten‹ ... in dramatischer Form zu schildern. ... Mitten im Kriege, indes die andern sich noch, voreilig triumphierend, gegenseitig den unfehlbaren Sieg bewiesen, warf ich mich schon in den untersten Abgrund der Katastrophe und suchte den Aufstieg. ... Von dem Augenblick, da ich versuchte, sie zu gestalten, litt ich nicht mehr so sehr an der Tragödie der Zeit.«[36]

Das »kleine Buch der Erinnerung an Verhaeren« (der am 27. November durch ein Eisenbahnunglück in Rouen gestorben war) kam 1917 als Privatdruck in sehr beschränkter Auflage heraus.[37]

Exemplare beider Werke hat Zweig an Rilke gesandt: Jeremias *mit der handschriftlichen Widmung »Rainer Maria Rilke / dies Buch aus dem Dunkel der Zeit / und des Herzens / Stefan Zweig«, die* Erinnerungen an Emile Verhaeren *mit einem von Zweig ausgefüllten und unterschriebenen Druckvermerk.*[38]

Rilke an Zweig[39]

z. Zt. Gut Böckel bei Bieren
Kreis Herford, Westphalen,
am 5. September 1917

Mein lieber Herr Zweig,

neulich, beim Packen, ehe ich für ein paar Wochen hierher reiste, fand ich unter meinen Papieren einen an Sie angefangenen Brief, der bestimmt war, Ihnen nicht allein für die Verlaine-Auskünfte damals zu danken, sondern auch, Ihnen zu versichern, wie sehr ich die immer gleiche Art Ihrer herzlichen Zuwendung zu empfinden weiß. Es fällt mir jetzt so unbeschreiblich schwer, auf irgend einem Ausdruck zu bestehen, so kam ich nicht dazu, jenen Brief fortzusetzen, in dem ich Ihnen noch zu sagen gedachte, was für eine gute Nachricht es mir war, daß, trotz allem, eine neue Arbeit von Ihnen sich durchgesetzt hat. Nun, ehe ich noch mein Versäumnis nachtragen konnte, liegt diese wichtige und große Arbeit selbst in meinen Händen: ich danke Ihnen für die aufrichtige Zueignung und freue mich, daß mich das Buch gerade hier erreicht hat, wo freundliche und ländliche Umstände einem gelassenen Lesen und Aufnehmen allen Vorschub tun.[40]

Über ein Kurzes muß ich wieder nach München zurück, schwereren Herzens, da es eine Bewegung in der Richtung auf jenen Winter zu ist, der uns nach soviel Bedrängnis vielleicht noch ärger und näher zusetzen wird. Es ist fürchterlich, wie das anhaltende Medium dieser langen Unzeit alle Sehstrahlen bricht –, die gefühltesten Dinge in der Natur erscheinen mir nicht mehr als was ich sie kannte, als hätte die Zugehörigkeit zum verhängnisvoll Menschlichen einen unwiederbringlich unterschieden und abgetrennt.

Daß Sie doch manche Sommerstunde gehabt hätten, wo Ihnen der alte freudige Anschluß möglich war. Ich denke nicht an Sie, ohne zu den Ihnen bestimmten so und soviel Grüße hinzuzusetzen: vor allem diese herzlich ergebenen an Frau von Winternitz, deren Namen ich mit Freude in Ihrem Buche ausgezeichnet gesehen habe. Aber auch an die Zimmer- und Arbeitsnachbarn im Archiv sei Ihnen recht herzlich aufgetragen. Sil Vara[41] scheint, wenn ich nicht falsch berichtet war, in Norwegen gewesen zu sein, und aus der Inhaltsangabe einer Nummer der Schaubühne, in der in gewohnter Weise Polgar's Name stand, meine ich hoffen zu dürfen, daß er doch in den milderen Verhältnissen der Stiftgasse hat bleiben dürfen. Ich erinnere mich seiner gern und herzlich.

Ihr

zugetaner und ergebener

R.M. Rilke

Zweig an Rilke

Wien VIII.
Kochgasse 8
12. Sept. 1917

Sehr verehrter Herr Rilke,

ein Wort des Dankes nur für Ihren guten Brief und eine Nachricht: ich hoffe, auf zwei Monate in die Schweiz und zwar schon zu Beginn des Oktobers gehen zu dürfen. Ein Vortrag ist der äußere Anlaß, die innere Ursache meine eigene Energie, die sich endlich für zwei Monate Freiheit erzwungen hat. Vermutlich werde ich Rolland und andere Freunde sehen: wenn Sie ein Wort oder einen Wunsch haben, ist er gerne und verläßlich von mir empfangen.[42]

Mein endlich gestaltetes Werk in Ihren Händen zu wissen, ist mir Genugtuung: die Zeit ist mir irgendwie ferner, seit ich ihren Druck im Wort von mir gestoßen habe. Ich fühle mich ärmer seitdem, aber freier. Vielleicht sagt die Schweiz und das neuerstandene Gefühl der Ungebundenheit mir ein neues Wort.

In Verehrung getreu, mit allen Grüßen von mir und denen der Genossen von einst Ihr

Stefan Zweig

Rilke an Zweig[43]

z. Zt. Gut Böckel bei Bieren
Kreis Herford, Westphalen
am 20. September 1917

Lieber Herr Zweig,

es ist mir eine fühlbarste Freude, zu erfahren, daß Sie diese beiden guten Monate vor sich haben; Grüße würde ich Ihnen soviel als möglich mitgeben wollen, an die bekannten Freunde sowohl als auch an die, denen Sie etwa unvermutet begegnen. Was Rolland angeht, so versichern Sie ihm, daß mir viel daran gelegen ist, ihn mir in den alten Verhältnissen gewogen zu wissen. Wenn ich ihm nie gedankt habe für die Schritte, die er zur Rettung meines Eigentums unternommen hat, so liegt das an der inneren Erstarrung, in der ich lebe, – Sie wissen aus eigener Erfahrung wie groß und unüberwindlich sie ist. Andererseits würde ich mit jedem Wort an ihn gleich mehr Aussprache in mir hervorrufen, als zur Zeit möglich ist. Was würde ich ihm nicht alles sagen wollen. Erzählen Sie ihm, wie unbeschreiblich mich der Tod Verhaerens bewegt und beraubt hat und überzeugen Sie ihn, daß ich an allem vordem Geliebten mit einer Inständigkeit festhalte, die um den Druck des ganzen gemeinsamen Schmerzes vermehrt ist.

Übrigens ist auch bei mir eine Anfrage in betreff von Vorträgen eingelaufen, ich habe aber erfahren, daß ich, in meiner Lage, besser tue, keinerlei Reisewünsche vorzubringen.[44]

Als ich Ihnen neulich schrieb, vergaß ich, Ihnen die Freude zu beschreiben, mit der ich Ihren ausgezeichneten und ausführlichen Aufsatz über Barbusse in der Neuen Freien Presse gelesen habe;[45] es ist ein gutes Zeichen, daß man Ihren Worten soviel Raum eingeräumt hat.

Reisen Sie gut, mein lieber Herr Zweig, und lassen Sie sich Ihr eigenes Leben wieder lieb und arglos werden über der freien Bewegung und den weiteren Eindrücken. Meine herzlichen Wünsche begleiten Sie.

Ihr
R.M. Rilke

Gleich nach seiner Ankunft in der Schweiz ging Zweig zu Rolland nach Villeneuve. Ende 1917 anläßlich der Proben zur Aufführung des Jeremias *kam Zweig nach Zürich und besuchte dort mehrere Male die kranke Lou Albert-Lazard, deren Verlassenheit ihm als »etwas ungeheuer Ergreifendes« vorkam. »Kein Mensch, der sich um sie kümmert. Ich fühle es wie eine Schuld.«*[46]

Aus Stefan Zweigs Tagebuch:[47]

Dienstag 21. [eigentlich 20., November 1917]

... Nachmittags bei Frau Albert, deren Bilder sehr interessant sind, doch ohne irgendeinen Zug jenes Dämonischen, das mich einzig am Künstler verlockt. Sie selbst aber ein glühender Mensch, hysterisch, wohl auch krank, hilflos in ihrer hinkenden Art, aber doch von einer zwingenden Kraft. Ihr Gesicht zu bleich und mit einem irgendwie bösen Zug von einer merkwürdigen mänadischen Schönheit in manchen Augenblicken. Sie liest uns[48] (prachtvoll) Gedichte von Rilke vor, die meisten an sie, die sie alle in einem kostbaren handschriftlichen Exemplar besitzt. Viele davon herrlich (das von den Glocken[49] vor allem). Man spürt das tiefe Geheimnis in diesem Menschen, der kalt und unpersönlich scheint, weil er sein Persönlichstes immer im Verborgenen birgt, es nicht ins Literarische vorstreckt, gleichsam im Schatten seines Lebens läßt. Manchmal nur, wenn man eindringt in solche ihm nahe Menschen, spürt man, daß er dort das Kostbarste seiner Existenz vergraben hat und ahnt die gleichzeitige Verschwendung, die dieser scheinbar sparsamste Künstler mit seinem Wesen treibt. Sicher ist er einer jener Letzten und Seltensten, die einen persönlichen Stil des Lebens haben und das Wort, die Wesenheit des Dichters in einem gesteigerten und persönlichen Sinne deuten, die in Verhüllung, Hingabe und Maskenspiel sich in einem geben und bergen. Die erhabene Auffassung der dichterischen Sendung ist auch ganz in jenem unveröffentlichten Dialog zum rednerischen Ausdruck gebracht (Über die jungen Dichter), den sie uns vorliest. Es ist weite Erkenntnis darin und das Abstrakteste in erstaunlicher Weise plastisch gemacht – ich erinnere mich nur an den ungeheueren Satz »Was müßte in einem solchen jungen Menschen vorgehen, wenn es irgendwo eine Gewißheit gäbe«.[50] Dies ist aufhellend, daß in der ewigen Relativität der Bilder, Worte und Werte das wahrhafte Wesen des Dichters beschlossen sei und wie Frau Albert jetzt die gewaltigsten Gedichte des Stundenbuches vorliest, wird mir dies klar, wie sehr ihm der Sinn des Dichtens statt in dem einer Fixierung in dem der Vergleichung gegeben ist. Nicht durch Durchdringung vertieft er, sondern durch Abwandlung steigert er die Welt und sie fließt bei ihm strömend ineinander und wieder ist es seine Tat, dies plastisch in Formen voneinander abzuteilen. Ich weiß zum zweitenmal wieder in diesen Tagen die Gewalt des Dichterischen und erprobe mein bereites Gefühl dankbar an solchem Eindruck. . . .

Aus Stefan Zweigs Tagebuch:[51]

Montag 24. [Dezember 1917]. Nochmals bei Frau Albert. Alles noch düsterer trauriger als je zuvor. Ich lese ihr aus Louise Labé.[52] Sie ist so unendlich dankbar jetzt, so unzufrieden sie auch sonst sein mag. Sie erzählt viel von Rilke. Von seiner Härte und kleinen, nach Äußerem gewandten Eitelkeit. Seiner Aristokratomanie. Seinen Schwächen. Irgendwo hinter aller Bewunderung belächelt sie ihn, wie alle Frauen, sobald sie einen Mann »erkannten«. Das Wort steht falsch. Sie erkennen ihn zuerst. . . .

Zürich, Hôtel Schwert
Weihnachtsabend [1917]

Lieber verehrter Herr Rilke,

meine Schweizer Zeit neigt mit dem Jahre ihrem Ende zu: sie war schön und voll vielfältigster Begegnungen. Ihre Grüße an Rolland konnte ich bestellen, sie werden auf das herzlichste erwidert.

Leider kann ich Ihnen sonst von gemeinsamen Bekannten nichts Gutes berichten und dies Unerfreuliche ist wesentliche Ursache meines mich an Sie Wendens. Frau Albert, d[er] ich zuerst im Hotel begegnete, lebt hier furchtbare Tage durch. An einer schweren Mittelohrentzündung (die vielleicht noch eine gefährliche Operation fordern wird) vor drei Wochen erkrankt, liegt sie unter ständigen Schmerzen in einem kleinen Sanatorium, unendlich allein und verlassen in der fremden und irgendwie feindlich wirkenden Stadt. Ich selbst, oft abwesend und viel beschäftigt, kann nur selten einen Besuch machen, so sehr mich dieses Verlassensein in der Fremde ergreift und mir oft, wenn ich zuhause bin, ein Gefühl von Schuld gibt. Denn Frau Albert hat kaum irgendeinen Menschen in diesen durch Schmerzschlaflosigkeit doppelt langen Tagen und Nächten, die Fürsorge ist unzulänglich und ein kluges nettes Mädchen, das sie sich aufnahm selbst erkrankt.

Dazu kommt noch, daß ich in den nächsten Tagen selbst von hier werde heimkehren müssen. Und da wollte ich Sie fragen, ob Sie oder Wolfskehl[53] nicht hier Freunde haben, die sich ein wenig um Frau Albert bekümmern könnten: es tut recht not, denn wenn eine Operation durchgeführt werden müßte, was bei ihrem gegenwärtigen Zustand der Arzt aus Besorgnis möglichst zu vermeiden bemüht ist, so wäre es doch furchtbar, sie ganz allein und ohne mitfühlenden Menschen zu wissen. Mir ist nicht bekannt, ob Frau Albert ihre eigene Familie verständigt hat und ich schreibe Ihnen ohne ihr Wissen: immerhin wäre es, glaube ich, geboten, ihr irgend einen menschlichen Halt hier zu geben. Ihre Einsamkeit in dem kleinen Raum unter ganz fremden Menschen, gequält von Schmerzen und einer Ungewißheit der Operation ist ergreifender, als ich es sagen möchte und könnte.

Ich gebe Ihnen für Sie und die Freunde die Adresse: *Zürich, Sanatorium Sanitas* Freigutstrasse 18. Es ist ein wenig erfreuliches dunkles düsteres Klosterschwesternhaus und ich hätte sehr eine Übersiedlung befürwortet, wäre nicht der Zustand so gefährlich. Vor mehreren Wochen ist auch im Fall der Vermeidung einer Operation an eine wirkliche Genesung nicht zu denken.

Hoffentlich wissen Sie jemanden, der es übernimmt, in diese Zelle eine Botschaft der Anteilnahme und menschlicher Beziehung zu bringen: bleibe ich hier, so tue ich mein Möglichstes. Aber eigentlich könnte da nur eine Frau das Rechte tun und Frau von Winternitz, die anfangs hier war, hat leider nach Wien zurück müssen.

Ich grüße Sie in alter herzlicher Verehrung und Ergebenheit. Ihr

Stefan Zweig

Die ursprünglich genehmigte Frist seines Aufenthalts in der Schweiz konnte Zweig zwar bis Februar 1918 verlängert bekommen, doch er bemühte sich nun um eine völlige Freistellung vom Militärdienst, indem er durch eine Vorsprache Friderikes bei Ernst Benedikt in Wien der »Neuen Freien Presse« nahelegte, ein Gesuch zu diesem Zweck einzureichen. Gegen die Verpflichtung, dem Feuilleton dieses Blattes einen monatlichen Beitrag zu liefern, gelang es ihm, in der Schweiz zu bleiben[54] *und sich weiterhin um die mitleiderregende Freundin Rilkes zu kümmern. »Tragisch und unvergeßlich ihre Einsamkeit, und so wenig ich sie auch liebe, so stark wirkt ihr Unglück und ihre Dankbarkeit auf mich«*[55]*, notierte er in sein Tagebuch.*

Aus einem Brief Katharina Kippenbergs an Rilke[56]

Leipzig
den 31. Dezember 1917

Wie mir eben von Stefan Zweig mitgeteilt wird, geht es Loulou Albert noch immer gar nicht gut. Ich bin ganz besorgt und betrübt. Welche Schmerzen Mittelohrentzündungen machen, weiß nur der, der sie gehabt hat. Schauderhaft. Können wir nicht zusammen überlegen, was für sie zu tun ist? ... Vielleicht ... haben Sie Beziehungen in der Schweiz ...

Aus Stefan Zweigs Tagebuch:[57]

Sonntag 6. [Januar 1918].

Nach Tisch Abschiednehmen von Frau Albert. Jetzt erfahre ich, daß sie eine Schwester noch in Zürich die ganze Zeit leben hat und ihr nur nicht erlaubt hat, sie zu besuchen: dieser Trotz in ihr, das Zerfallensein mit Vater, Schwester, Mann und R[ilke] hat doch viel Signifikatives. Seltsam wie sie immer mit dem Schicksal in Konflikt gerät, ja eine Macht in ihr (ein dämonisch unbändiger Willen) scheint es unablässig herauszufordern. So wird sie beim Radfahren – sie, die Hinkende – von einem Wagen umgestoßen und die Räder gehen ihr über das Gesicht, zerfleischen sie gänzlich. Nur durch ein Wunder wird sie wieder hergestellt. Wie mich ihr Lachen, das scharfe an das von Dostojewskis Klikusche erinnert! Aber das alles [ist] wesenlos im Vergleich zu dem ganz unermeßlichen, auf Stunden und Stunden verteilten Schmerz. Die Operation in der Silvesternacht, das Leiden vor den dummen Schwestern, ... das ganze kalte nackte Milieu und dies Unabsehbare der Sache – sie ist wirklich eine Heldenfigur dafür. Überhaupt, wie reich und vielfältig ist das Leben!

Aus einem Brief Rilkes an Katharina Kippenberg[58]

München
Hotel Continental
Ottostraße
am 14. Januar 1918

... ich war, gleichfalls durch Stefan Zweig, schon auf [Lou Alberts] Erkrankung und Lage hingewiesen worden; selber ohne Beziehungen zu Zürich, bat ich Wolfskehl um Rat und Hilfe, dessen Bereitschaftlichkeit und Reichtum an Verbindungen auch wirklich nicht versagt hat. ... So sehr verlassen kann sie ja auch schwerlich sein, denn Zürich steckt voller Menschen, die sie kennt, es möchte denn sein, daß die meisten davon ihr nicht gerade beruhigend und wohltuend sind ...

1919-1926

»Die Brieffeder gewissermaßen unter Aufsicht gestellt«

Zweig kehrte im März 1919 aus der Schweiz nach Österreich zurück und ließ sich mit Friderike und deren Töchtern im Haus am Kapuzinerberg in Salzburg nieder, das er schon 1917 gekauft hatte. Rilke, der inzwischen seine langgehegte Absicht, nach der Schweiz zu entkommen, nicht aufgegeben hatte, konnte erst im folgenden Juni die verschiedenen Einladungen dorthin annehmen. So haben sich ihre Wege dort nicht gekreuzt. Später auch kam es zu keinem Kontakt mehr (nicht einmal anläßlich Zweigs endgültiger Ausgabe der Verlaine-Übertragungen), obwohl es an möglichen Berührungspunkten nicht mangelte: Zweig waren z. B. die Gebrüder Reinhart bekannt (»seltsam, diese bäurischen Millionäre, treu und ernst die Literatur durchpflügend, alles kennend und verstehend und dabei so treuherzig plump«, notierte er im Dezember 1917[1]). Zweig wurde in den Nachkriegsjahren der erfolgreichste Autor des ihm und Rilke gemeinsamen Insel-Verlags; und von ihm war gelegentlich auch die Rede in den Briefen des Ehepaars Kippenberg an Rilke.[2] Zwischen Rilke und Zweig ist aus jener Zeit nur ein Brief bekannt, als es für Rilke Anfang 1921 darum ging, einen geeigneten Wohnort für seine Freundin Baladine Klossowska und deren Söhne Pierre und Baltusz zu finden:[3]

Rilke an Zweig

Schloß Berg am Irchel
Kanton Zürich
Schweiz
am 9. März 1921

Mein lieber Herr Stefan Zweig,

es wäre mehr als einmal in den letzten Jahren Anlaß und Neigung vorhanden gewesen, Ihnen ein Wort zu schreiben:

doch fehlten mir die längste Zeit die rechten Stützpunkte, um von ihnen aus mitteilend zu sein. Seit ich aber einer (wenigstens vorläufigen) retraite in diesem entlegenen alten Schlößchen mich erfreue, ist die Briefeder gewissermaßen unter Aufsicht gestellt und darf sich nur selten betätigen: weil sogar der schriftliche Umgang für eine Weile zugunsten der Einkehr und Besinnung der eingeschränkteste bleiben sollte.[4]

Nun aber wende ich mich darüber weg an Sie mit einer Anfrage, die Sie, wenn sie Sie etwa in ähnlicher Eingezogenheit und Ablehnung anträfe, einfach ignorieren mögen: wer verstünde das besser!

Eine mir liebe Freundin, mit zwei schönen und außerordentlich begabten Knaben von zwölf und fünfzehn Jahren, hat eine Weile daran gedacht, nach Salzburg zu ziehen: wie Dr. Kippenberg, der mich neulich hier – leider nur so eilig – besucht hat[5], erzählte, haben Sie mit den Ihrigen sich dort gern und angenehm zurechtgefunden. Mir wäre es nun von Wert (gelegentlich) zu vernehmen, ob dem Zuziehen große Hindernisse in den Weg gelegt werden (Wohnungsmangel etc.) und wie im Allgemeinen die Verhältnisse für Hinzukommende sich in Gebrauch nehmen lassen. Es handelt sich um Menschen, die sonst immer in Paris gelebt haben, Deutschpolen mit vorwiegend polnischer Gesinnung. Die Kinder, die in Paris und St. Germain zur Schule gegangen waren, soweit das vor dem Kriege für ihr Alter schon in Betracht kam, – besuchen jetzt noch die französische Schule in Genf. Französischen Unterricht in Salzburg zu finden, ist wohl ziemlich unwahrscheinlich? Man müßte sich anpassen. Wenn das Leben dort *Ihnen* nicht unangemessen ist, so müßte es auch für diese Kinder und ihre, als Künstlerin und Frau bedeutende Mutter so zu erfassen sein, daß es ihnen geeignete Seiten zukehre.

Ich weiß, lieber Herr Zweig, wie vague meine Erkundigung ist und wie schwer andererseits eine genauere Auskunft in solchem Falle wäre, selbst wo die Frage sich präziser stellen ließe. Aber vielleicht erraten Sie, worauf es zunächst im Großen ankommt und unterrichten mich impulsiv aus Ihren Erfahrungen heraus viel geschickter, als ich mich, Sie bemühend, anstelle.

Viel Freude (um nur für Eines, das Nächstliegende, diese Gelegenheit auszunützen) hat mir Ihr Desbordes-Valmore-Buch bereitet mit den zum Teil guten Übertragungen.[6] Was ich diesen Zeilen sonst noch auftrage, ist Frau Zweig-Winternitz und Sie, lieber Stefan Zweig, zu grüßen und Ihnen beiden einen Moment lebhaft zu machen

Ihren getreu zugetanen
R.M. Rilke

In Zweigs Abwesenheit hatte seine Frau Friderike Rilkes Frage beantwortet:

Rilke an Friderike Zweig[7]

Schloß Berg am Irchel
Kanton Zürich
Schweiz
am 18. März 1921

Verehrte gnädigste Frau,

im Augenblick, da ich Ihren gütigen Brief empfange, will ich ihn auch bedanken, um mit der Bestätigung seines Eingangs noch vor Ihrer Abreise[8] bei Ihnen zu sein.

Ihre Auskünfte entsprechen ganz und gar meinen Erwartungen – es ist jetzt schwer, sich irgendwo einzudrängen, glücklich die, die ihre Stelle haben und auf ihr gedeihlich und wachstümlich befestigt sind!

Ihr Buch[9], daß ich dies noch sage, hat mich voriges Jahr in Locarno erreicht, ich habe es dort an ruhigen Abenden gelesen, und wußte damals nicht, wohin meinen Dank schreiben, der der herzlichste war.

Ich will aber Ihre Reisevorbereitungen nicht mit einem längeren Briefe unterbrechen: meine besten Wünsche begleiten Sie und Stefan Zweig in den Süden: Italien, als ich zu Anfang vorigen Herbstes in Venedig war[10], schien mir so schön, wie es nur je sein konnte: was verdanken wir doch alles dem unbeschreiblichen Einfluß solcher Städte!

Dankbar und grüßend,

in alter Ergebenheit

Ihr

Rilke

P.S. Leider wies Ihr Brief keine genaue Adresse auf: ich versuchs und sende diesen einfach nach: Salzburg!

Danach erinnerte sich Rilke nur ganz gelegentlich an Stefan Zweig, so z. B., als gegen Ende 1921 dessen Essay über Emile Verhaeren in einem Brief an den Schweizer Gymnasiasten Xaver von Moos erwähnt wurde;[11] *ob er Zweigs sprühende Produktivität in den folgenden Jahren*[12] *überhaupt wahrgenommen hat, ist ungewiß. Als Rilkes Freund und Gönner Werner Reinhart ihm 1924 schrieb, ein sehnlicher Wunsch Zweigs sei es, »wieder einmal mit Ihnen zusammenzukommen: wie er hofft, vielleicht in Paris, wohin er im Herbst für einige Wochen geht«*[13]*, scheint Rilke, der, schon leidend, die eigene geplante Reise dorthin hinausschieben mußte, darauf nicht reagiert zu haben.*

Das Schweigen Zweigs im Verlauf der letzten Lebensjahre Rilkes entsprang gewiß seiner Zurückhaltung und Befürchtung, dem verehrten Dichter vielleicht aufdringlich zu erscheinen. Aber als Kritiker setzte er sich weiter für ihn ein, so z. B. in seinem Nachwort 1925 zu einer Neuausgabe von Jens Peter Jacobsens Niels Lyhne*:*[14]

... Der junge Gerhart Hauptmann wäre undenkbar ohne Ibsen, der junge Rilke ohne Jacobsen: sieht man Malte Laurids Brigge tiefer in sein edles schwermütiges Antlitz, so erkennt man darin unverkennbar seines Wahlvaters Niels Lyhne in aller Müdigkeit noch strahlendes Gesicht....

Soweit sich feststellen läßt, befand sich jedoch kein Gruß von ihm in der

Postflut, die zu Rilkes 50. Geburtstag am 4. Dezember 1925 in Muzot eintraf, noch wurde Zweig aufgefordert, einen Beitrag zum Band Reconnaissance à Rilke *zu schreiben, den Maurice Betz im letzten Lebensjahr des Dichters in Paris herausgab.*[15]

Nachklang 1927-1942

»Demütig tritt mein Wort an diese Stunde«

Im März 1913, als Stefan Zweig seinem Freund Romain Rolland ankündigte, daß auch Rilke zum gemeinsamen Dejeuner eingeladen war, charakterisierte er ihn als »den größten Künstler, den wir besitzen, als Mensch prachtvoll und dabei bescheiden, beispielhaft für uns alle in seiner Kunst wie in seinem Leben. Ich bewundere ihn schon seit meiner Kindheit«.[1] *Daß diese Verehrung nie nachließ, davon zeugen nicht nur Zweigs Briefe unmittelbar nach der Todesnachricht, sondern auch die Nachrufe, die er ihm widmete, und vor allem die Memoiren der* Welt von gestern.

Zweig an Anton Kippenberg[2]

Salzburg
[Jahreswende 1926/27]

Lieber Professor,

eben telegrafiert mir eine Zeitung, Rilke sei gestorben, ich sollte schreiben – aber ich kanns natürlich nicht – ich bin ganz Schrecken und Ratlosigkeit über dies Plötzliche. Für Sie, für uns alle, für die Welt ist das unersetzlicher Verlust, schon um des Beispiels, das von diesem Manne ausging. Lassen Sie als einer seiner Freunde, als Verwahrer seiner geistigen Botschaft mit Ihrer Frau meine Worte als verwandte an Sie heran. Wir sind ja trotz seines Ruhms nur ein kleiner Kreis, der *wahrhaft* weiß, was wir an diesem Wunderbaren verloren haben: so teilen wir Schmerz und ergriffenes Gedenken an ihn in diesen Stunden. Und wenn Sie seine Frau sehen, seine Tochter – ich weiß deren Wohnung nicht – so sagen Sie ihnen, bitte, von mir einen Gruß und mein Mitgefühl.

Ihr aufrichtiger
Stefan Zweig

Aus einem Brief Zweigs an André Suarès[3]

Kapuzinerberg 5
Salzburg
4. I. 1927

Lieber, großer André Suarès,

ich wollte Ihnen vor dem Neuen Jahr schreiben, aber die letzten Tage wurden uns, leider, durch den Tod von Rainer Maria Rilke sehr traurig gestimmt. Ich weiß nicht, ob Sie diesen vortrefflichen Menschen gekannt haben, der rein und einsam geblieben ist in einer Epoche, wo selbst die größten Künstler vor jenen Bordellspiegel gebeugt sind, den man Ruhm nennt. Er lebte ständig auf Reisen, immer fern seiner Heimat, seiner Sprache, und verteidigte seine Einsamkeit gegen alle, selbst gegen seine Freunde. Ich weiß nicht, ob Sie ihn kennengelernt haben: er aber hatte Sie sehr gern. 1913 lieh ich ihm Bücher von Ihnen, bis dahin kannte er noch nicht Ihr Werk und er war neugierig, von Ihnen zu hören, ich mußte ihm über Ihr einsames Leben erzählen. Damals wohnte er rue Campagne Première: auf einem unserer seltenen Spaziergänge (ich war kein intimer Freund von ihm, er sprach ungehemmt nur mit Frauen und zeigte sich Männern gegenüber keusch und bescheiden im Wort) gingen wir die rue Cassette hinauf und ich zeigte ihm Ihr Haus. Ich weiß nicht, ob Sie ihn gekannt haben, die Übersetzungen seiner Bücher geben bloß einen Schatten der magischen Farben seiner Wörter wieder. Er war uns der Meister, das Muster, sowohl durch sein Leben wie durch sein Werk. Von verschiedenen Seiten bin ich aufgefordert worden, über ihn zu schreiben, aber ich glaube nicht, daß ich es tun werde. Ich kann [nur] mit den wenigen sprechen, die in einer geheimen Brüderschaft diesen Verlust eines Menschen verstehen können, der ein Leben geführt hat, das lyrisch und dabei auch mönchisch war, ein Leben in Schweigen und Geheimnis eingehüllt.

Lieber Suarès, Sie werden es verstehen, daß ich Ihnen von ihm erzähle, ich weiß, daß Sie es verstehen werden. Auch Sie sind Gläubiger. Ich selber stamme aus einer Generation, die glaubte, kämpfen und sich mehr dem Leben annähern zu müssen: heute habe ich allen möglichen Erfolg, große Auflagen, das ganze Getue. Aber mein Herz ist bei jenen Weiseren, Ruhigeren geblieben. Ich habe Ihr neues Buch mit Bewunderung gelesen.[4] Nur in der Einsamkeit eines privat gehaltenen Lebens kann man die Welt des Geistes in solchem Maße ergreifen. Auch ich studiere viel, habe mich von der Großstadt zurückgezogen: immerhin, wie erschöpft mich das ständige Sich-Abwehren-Müssen ...

Aus einem Brief von Romain Rolland an Friderike Zweig[5]

Villeneuve
5. Januar 1927

... ich war von der Nachricht über Rilkes Tod sehr ergriffen, die ich telefonisch von dem Arzt erhielt, der ihn behandelte. Aber ach! ich hatte seit den ersten Jahren des Krieges nie ein Lebenszeichen von ihm erhalten, obwohl wir doch Nachbarn waren und obgleich ich ihn einmal in Sierre aufgesucht habe (aber dann war er nicht da). In diesen letzten Jahren stand er ganz im Banne des Kreises von Gide und Valéry ...

Aus dem Briefwechsel
Stefan Zweig – Raoul Auernheimer:[6]

Zweig an Auernheimer

5. Januar 1927

Lieber Freund,

Sie sind im Vorstand der »Concordia«, darum an Sie eine Frage. Wäre es nicht Pflicht der C[oncordia], für Rainer Maria Rilke, der doch eine Ehre, beinahe *die* Ehre der österreichischen Dichtung war, eine würdige Totenfeier zu veranstalten, um so mehr als das Schweigen nach seinem Tode ein so fürchterliches ist. Ein Abend mit einer Totenrede, die nur einer halten kann, Hofmannsthal, dann Recitationen. Ich denke, weiß Gott, nicht daran, mitzuwirken, ich könnte nicht einmal schreiben, so sehr war ich erschüttert von dem Verlust eines Menschen, der Führer meiner Jugend war – aber ich glaube, Wien ist *etwas* sich schuldig. Ich würde allenfalls dann dem Kulturbund schreiben, aber die Concordia hätte als erste die Ehrenpflicht. ...

Auernheimer an Zweig

6. Januar 1927

Lieber Freund,

ich bin *nicht* im Vorstand der Concordia ... will ... mit diesen Fellhändlern der Literatur nichts zu tun haben ... Übrigens ist auch H[ofmannsthal] – vom Dichter abgesehen – nur ein Fellhändler, wenn auch mehr mit Chinchilla. Er ist nur noch für sich u. seinen Ruhm zuhause u. wird an dem Abend, der für Rilke veranstaltet wird, sicher bei einem reichen Mann zu Gaste sein, der etwas für die Salzburger Festspielhausgemeinde hergeben soll. – Aber wie wäre es, wenn Sie im Pen-Club über Rilke sprächen ...? Ich habe zwar auch das Präsidium des P[en]-Cl[ubs] niedergelegt, gehöre aber dem Vorstand in partibus noch immer an u. bin bereit, die Anregung weiterzugeben, wenn Sie mich dazu ermächtigen. ...

Zweig an Auernheimer

Salzburg
8. Januar 1927

Lieber Freund!

Vielen Dank für Ihren Brief, der vieles frei ausspricht, was ich immer nur leise zu sagen wage. Ich habe bei dieser Rilke-Feier natürlich nicht an mich gedacht, bin noch immer so dumm, in solchen Dingen an zeitrepräsentative Notwendigkeiten mich zu erinnern. In Wien ergreife ich, wie Sie wissen, ungern das Wort. Ich werde nur im Münchner Hoftheater bei der Rilke-Feier die Trauerrede halten, falls wir uns auf den Termin einigen ...

Aus einem Brief Zweigs an Katharina Kippenberg[7]

Salzburg
Kapuzinerberg 5
8. Januar 1927

Verehrte Frau Professor,

ich freue mich, Sie so nahe zu wissen, eigentlich wäre ich gerne zu Ihnen hinübergekommen aus einer Ihnen wohl verständlichen Neugier (das Wort möge seinen häßlichen Sinn hier verlieren), mehr von Rilkes letzten Stunden zu wissen: die Nachricht hat mich unsagbar erschüttert, ich konnte, obwohl vielfach bedrängt, kein öffentliches Wort für meinen wirklich blutenden Schmerz finden. Wahrscheinlich nehme ich aber die Aufforderung an, bei einer Totenfeier im Münchener Hoftheater das Wort zu ergreifen: auch in Wien soll ein Requiem ihm veranstaltet werden, doch dort habe ich die Berufung abgelehnt, weil ich in Wien Hofmannsthal als den vor allen Berufenen empfinde....[8]

Aus einem Brief von Zweig an Rudolf Pannwitz[9]

Salzburg
27. Januar 1927

... Mein Leben wird immer komplizierter, ich weiß selbst nicht wieso ... Heute fahre ich nach Wien für drei Tage, im Februar muß ich nach München, um dort am Staatstheater die Gedächtnisrede für R.M. Rilke zu halten, dessen Tod mich über alle Maßen erschüttert hat. ... Gerade zu 40, 50 Zeilen, manchmal zu 100, bemühten sich die Zeitungen, dann war es vorbei und der »Fall Rilke« für das Publikum erledigt. Die Zeit nimmt furchtbar Rache an allen jenen, die nicht auf ihr Niveau vollkommen eingehen, und bestraft jede Isolierung ...

Stefan Zweig
Abschied von Rilke

Rede im Rahmen einer Gedächtnisfeier am 20. Februar 1927, gehalten im Staatstheater München[10]

Musik hat diese Stunde eingeklungen, in Musik wird sie verströmen. Zwischen ihre rauschend auftragenden Schwingen tritt scheu und demütiger Stirne das Wort.

Demütig tritt mein Wort an diese Stunde, demütig beugt es sich hin über dies teure und noch nicht überblühte Grab. Denn einzig Musik vermöchte vollkommen den Abschied von jenem auszusagen, den wir heute gemeinsam betrauern, Rainer Maria Rilke, und einzig in ihm von uns allen war das Wort schon vollkommen Musik. Nur an seiner Lippe war es erlöst vom Dunst der Gewöhnung – Gleichnisse hoben da flughaft leicht den starren Leib der Sprache in jene höhere Welt des Erscheinens, darin jedes Geheimnis durchfühlbar wird und unsere tägliche Rede eine kaum begreifliche Magie. Alle Vielfalt wußte es zu formen, sein schöpferisch gewordenes Wort, alle Formen des Lebens suchen ihr Bildnis in den singenden Spiegeln seiner Verse und selbst der Tod – selbst er trat groß und gegenständlich aus seinem Gedicht als die reinste und notwendigste aller Wirklichkeiten.

Wir aber, zurückgeblieben im untern Element, wir haben nur das Dumpfe der Klage, die Klage um den Dichter, um ihn, der, wie immer das Göttliche, selten erscheint in den Zeiten und den wir doch einmalig in ihm schauen durften mit den groben Organen der Sinne und der stark erschütterten Inbrunst der Seele: in seiner Gestalt haben wir den Seltenen erlebt.

Denn Dichter, dies war er, Rainer Maria Rilke, ihm ziemt vollgültig dies Wort, das uralt-heilige, dies ehern gewichtige und anspruchsvolle, das unsere fragwürdige Zeit allzuleichthin vermengt mit dem minderen und ungewissen Begriff des Schriftstellers, des bloß Schreibenden. Dichter, er, Rainer Maria Rilke, er war es noch einmal und wiederum in dem reinen und vollkommenen Sinn, wie Hölderlin ihn anruft, den »göttlich erzogenen, tatlos selber und leicht, aber vom Aether doch angeschauet und fromm« und war es nicht bloß dank der Gnade des Geistes, sondern nicht minder kraft der innen bewährten Reinheit adeligen Lebens. Dichter, er war und blieb es unwandelbar und unwiderleglich in jedem Wort und jeder Handlung seines früh geendeten Zeitseins. Nicht wie bei vielen andern, denen gleichfalls die Aura so stolzen Namens gebührt, war er ein Dichter bloß in den Augenblicken des Erhobenseins, in jenen unfaßbar vollen Intervallen, da die Welt von außen nach innen in einen Menschen stürzt und in seiner staunenden Seele noch einmal sich werdend gestaltet: nein, er offenbarte sich allzeit und immer als der reine und ruhelose Künstler, wir wissen um keine Stunde, in der er nicht Dichter gewesen; jedes Wort, das er sprach, jeder Brief, den er schrieb, jede Geste, die seinem zarten und melodischen Körper entsprang, das Lächeln seiner Lippe und die reine Rundung seiner Schrift, all dies Einheitliche und Einmalige gehorchte ebendemselben schöpferischen Gesetz, das seine Verse zu vollendeten formt. So trat aus seinem Wesen uns Reinheit und Einheit strahlend entgegen, kristallen umschlossen und deutsam durchsichtig wie sein Gedicht – und diese unverbrüchige Gewißheit seiner Sendung, sie hat uns von Jugend her ihm, dem Menschen, dem Künstler, hörig und ehrfürchtig gemacht. Denn dank dieser Allgegenwart der Schönheit im Wesen und Werke haben wir an ihm, an Rainer Maria Rilke, das heute fast Unwahrscheinliche, haben wir einmal und unvergeßlich den reinen Dichter in Antlitz und Atem gesehen.

Dichter, er war es allezeit, Rainer Maria Rilke, und er war es von je. Es gibt keinen Anfang in seinem Leben, wo dieser erlauchte Name ihm nicht zugehörte und die Welt ihn nicht als solchen empfand. Noch wußte die kindliche Hand des Schülers kaum die Schrift und schon schrieb sie Gedichte. Noch schattete der Flaum ihm nicht die Lippe und schon sprach sie Musik. Von den Spielen der Kindheit weg fand er unwissend hinüber in das andere Spiel, das anfangs nur leichte und an der eigenen Fülle immer schwerer werdende der Sprache und schon dem Knaben gab sie sich willig, dem allzeit Gewinnenden, hin, in dem sechzehnten, in dem siebzehnten Jahre gelangen schon Verse reinster Melodik dem Suchenden und Versuchenden, die auch spätere Meisterschaft nicht mehr beschämte. Und lang noch ehe die eigene Form des Körpers sich vollendet hatte, fiel schon Vollendung der Formen dem geistig Gestaltenden zu.

Wie dieses Dichterische in so früher Jugend begann, wer kann es aussagen? Wer an diesem Geheimnis rühren, das mit seinen Wurzeln bis ins Dunkel der Ahnen und der Erde reicht? War es letzter Abklang altadeligen Blutes, müde geworden an vielen Geschlechtern, das in jenem Letzten noch einmal aufrollte, zu unkräftig schon, sich kämpferisch ins Lebendige zu stürzen und nur melodisch verebbte und rhythmischen Atems verklang? Waren es die Schatten der alten Prager Gassen, die das ewig Staunende seines Knabenherzens aufweckend berührten, waren es die slawischen Lieder, die er abends auf den Feldern gehört oder die eine Hausmagd sang, Sonntags allein in der verlassenen Stube? Spuren sind dies bloß, vermutendes Ungefähr, denn wer kann den Ursprung eines Dichters deuten, dieses unbegreiflich Sonderbaren unter den Menschen, in dem die tausendjahralte Sprache noch einmal so erstmalig neu ersteht, als wäre sie niemals von Millionen Lippen zerschwatzt und in Millionen Lettern zermahlen gewesen, bis Er dann, dieser Eine kommt, der alle gewesenen und werdenden Dinge ansieht mit seinem aufstaunenden, seinem farbig umhüllenden, seinem morgenrötlichen Blick? Nein, das ist nie zu erklären mit irdischen Ursächlichkeiten, wie inmitten tausend dumpfer Menschen immer nur einer zum Dichter wird und nicht darum auch, wie gerade und warum dieser eine es wurde inmitten von uns allen und in ebendemselben Umlauf der Zeit. Wundervoll genug schon, dies allezeit wieder Unverhoffte sich auszudenken, daß das Erlebnis des Dichters immer und immer wieder der Menschheit geschieht, und auszudenken, daß dieser unser Zeitbruder einer war aus so königlichem Geschlecht, daß in diesem schmächtigen scheuen Knaben, umschnürt vom blauen Kadettenkleid, unterhalb der wachen Sinne und inmitten seines Bluts irgendein Strömen begann, das später wundervoll einbrach in unser Gefühl, darin es nun nachrauscht, so großartig gegenwärtig noch, daß jeder von uns, jeder, irgendeine Strophe oder ein Wort von Rainer Maria Rilke unbewußt in den Sinnen hat – einen Atemzug Musik von ihm, der nicht mehr atmet und spricht und doch länger da sein wird als unser aller unbeträchtliches Dasein und Weiterleben.

So bewährte Rainer Maria Rilke sich als Dichter längst, ehe erste Ahnung ihn überschattete vom Ernst und der Verantwortung dieses aufrufenden Wortes. Zugeflogen waren sie seiner Kindheit, spielhaft und leicht, diese ersten Strophen und er schrieb sie hin, Spiel zwischen Spielen, mit seiner sorgsam rundenden Schrift, schrieb sie in Schulblätter und ließ sie, halb Knabe noch, schon drucken in schmächtigen Heften. Und wunderbar, schon dieser erste Ton fand Widerklang in uns Gleichaltrigen, in einer ähnlich und sehnsüchtig gespannten Jugend und nun erst schlug das Bewußtsein seiner Sendung in ihm die Augen auf und sah sich selber strenge und fordernd an. Ein Zwanzigjähriger, hatte er Ruhm schon, doch nahm er nicht das Süße und Zerstreuende von diesem gefährlichen Zudrang, nur das Bittere der Verantwortung zog er daraus und das Schwere der Verpflichtung. Wie früh hat dieser Wunderbare erkannt, was die andern spät und oft niemals lernen, daß das selig Zugefallene vom wahrhaften Dichter noch einmal und immer wieder neu verdient sein müsse durch unabsehbare

Mühe, daß der Mann in beharrlichen und furchtbaren Ernst dauernd zu verwandeln verschuldet sei, was der Genius ihm anfänglich bloß als Spiel und gleichsam zur Leihe gegeben. Und von dieser frühen Erkenntnis an begann bei Rainer Maria Rilke jener schwere Gang zur Vollendung hin, auf dem er niemals ermüdete und von dem er niemals – höchste Ehre seiner Reinheit dies! – von dem er niemals auch einen Schritt nur gewichen ist. Gerade dieser Leise, dieser Linde, dieser Abseitige, er, den die törichten Einsarger aller Werte mit locker abwehrender Geste einen Dekadenten zu nennen wagten, er, der äußerlich zart schien, wehleidig und schwach, hat wie wenige seiner Zeit die ungeheure Anstrengung gekannt und geübt, die dem Schaffenden auferlegt ist, so er sein Werk zur Welt schaffen will. Er hat früh erkannt, Rainer Maria Rilke, daß eine Seele unendlich sich anfüllen müsse, um Fülle von sich zu strömen, er hat früh gewußt, daß der Dichter und gerade er sammeln müsse und seine Sinne schwärmen lassen wie Bienen, damit der goldene Seim des Gedichtes schwer, durchsichtig und flüssig sich forme. Keiner von allen lyrischen Dichtern der Zeit vielleicht, keiner hat den Entgelt, den ungeheuren, um die Vollendung sich höher angesetzt und vollgültiger gezahlt als er, der in seinem Malte Laurids Brigge die anspruchsvollste aller Formeln für das Gedicht hingestaltet. Dort heißt es (unvergeßliche Worte!): »Verse sind nicht, wie die Leute meinen, Gefühle, – (die hat man früh genug) – es sind Erfahrungen. Um eines Verses willen muß man viele Städte sehen, Menschen und Dinge, man muß die Tiere kennen, man muß fühlen, wie die Vögel fliegen und die Gebärde wissen, mit welcher die kleinen Blumen sich auftun am Morgen. Man muß zurückdenken können an Wege in unbekannten Gegenden, an unerwartete Begegnungen und an Abschiede, die man kommen sah – an Kindheitstage, die noch unaufgeklärt sind, an die Eltern, die man kränken mußte, wenn sie einem Freude brachten und man begriff sie nicht – (es war eine Freude für die andern) – an Kinderkrankheiten, die so seltsam anheben, mit so viel tiefen und schweren Verwandlungen, an Tage in stillen verhaltenen Stuben und an Morgen am Meer, an das Meer überhaupt, an Meere, an Reisenächte, die hoch dahinrauschten und mit allen Sternen flogen – und es ist nicht genug, wenn man an alles das denken darf. Man muß Erinnerungen haben an viele Liebesnächte, von denen keine der andern glich, an Schreie von Kreißenden und an leichte, weiße, schlafende Wöchnerinnen, die sich schließen. Aber auch bei Sterbenden muß man gewesen sein, muß bei Toten gesessen haben in der Stube, mit dem offenen Fenster und den stoßweisen Geräuschen. Und es genügt auch noch nicht, daß man Erinnerungen habe, man muß sie auch vergessen können, wenn es viele sind und man muß die große Geduld haben, zu warten, daß sie wiederkommen. Denn die Erinnerungen selbst sind es noch nicht. Erst wenn sie Blut werden in uns, Blick und Gebärde, namenlos und nicht mehr zu unterscheiden von uns selbst, erst dann kann es geschehen, daß in einer sehr seltenen Stunde das erste Wort eines Verses aufsteht in ihrer Mitte und aus ihnen ausgeht.«

In diesem Sinne des Sammelns und Lauschens um gesteigerter Schöpfung willen ist der junge Rilke in die Welt gezogen, alle Länder entlang als der ewig Heimatlose, der Pilger aller Straßen. Er ist in Rußland gewesen, damit die Glocken des Kremls tönten in sein Gedicht, er hat in die Augen Tolstois geblickt, um von diesem schauenden Blau zu wissen, durch das tausende Bilder von Menschen und Geschicken gingen. Er hat Spanien gesehen, Italien, Aegypten und Afrika, um im schöpferischen Nerv und Sinn zu erfahren, wie dort die Sonne im laublosen Lande andere Linien des Lichts hinzeichnet als in unserer waldigen Welt, er war in Skandinavien, um weiße Mitternachtsnächte zu erleben und wissender dann die blausamtene Dämmerung südlicher Täler zu deuten. Überall ist er gewesen, fast immer allein, selten redend, immer lauschend, damit all dies inbrünstig Betrachtete, dies schweigsam in sich Hineingezogene dereinst Rede und Musik werde im Gedicht und sich wechselseitig bezeuge im schaffenden Widerspiel der Vergleiche. Niemand wußte wo er war in diesen Pilgrimsjahren, der selbstwillig Heimatlose, und doch tat das von innen her wachsende Werk im Bilde jedem kund, wie tief dieser Schauende indes ins Wirkliche und Wandelbare eingedrungen, denn von Jahr zu Jahr füllten sich seine Gedichte mit immer fülligeren Farben und von dem »Buch der Bilder« begann dann unvermutet jener unersättliche und unerschöpfliche Reichtum seiner lyrischen Rede, jener große Glanz von einander überströmenden Gleichnissen, den kein lyrischer Dichter unserer Zeit seitdem zu überbieten vermochte. Die Welt, die vordem der junge Dichter nur im klingenden Anhauch der Gefühle vage als ein Ungefähr begriff, nun drängte sie blutnah heran, gestalthaft und vielgeformt, immer voller ergriffen von den sehenden, den hörenden, den fühlenden Sinnen und wohl durfte er damals von sich die Verse schreiben:

> »Immer verwandter werden mir die Dinge
> und alle Formen immer angeschauter.«

Aber sie als Einzelne und Abgelöste zu betrachten, ward ihm bald zu geringe Bemühung, denn ein Gleichnis zog mit den silbern klingenden Ketten der Reime das Schwesterliche jeder Erscheinung unaufhaltsam an sich heran, ein unablässiges Sicherinnern von einem ins andre rundete das lockere Verstreutsein des Daseins im Raume zu einem pausenlosen Strömen, gleichsam dem einer Fontäne, die aufsteigt aus den dunkelsten Tiefen des Gedankens und gleichzeitig überglänzt wird vom höchsten Geleucht der ewig im Flusse sich erneuernden Sprache. Je machtvoller aber dieser stille Gestalter die Dinge ergriff, je tiefer aus den Wurzeln er sie heraushob, um so stärker erwuchs ihm das Verlangen, dies Erschaubare und Faßbare ihrer augenfälligen Formen nicht bloß liedhaft zurückzugeben, sondern auch die innere Macht hinter ihnen gleichsam symphonisch auszudeuten, die zusammenhaltende und schöpferische: den Gott. In unzähligen Gleichnissen, mit flügelnd gespannter Seele ihn umkreisend »wie die Wolken den Turm« in immer dringlicheren Anrufen, in einer erhabenen Litanei drängt immer inbrünstiger seine mystische Ekstase an diese Unendlichkeit heran und dank dieses bildnerischen Umkreisens entstand aus den noch vereinzelten und zersprengten Formen des »Buches der Bilder« endlich jener Dom zu Gott hin, das »Stundenbuch«, die vielleicht reinste religiöse Erhebung, die ein Dichter in unseren Tagen versuchte. Das Meer, das abgründige, in dessen Unausmeßbarkeit das Gefühl restlos einströmen konnte, war gefunden, aus der linden Demut Frömmigkeit geworden, »die stete und stille Schwerkraft, welche aus den Tiefen Gottes auf die Seelen wirkt«, aus der zarten Bewegtheit eine zitternde und ekstatische Trunkenheit, aus einzelnen wie von Wind musikalisch bewegten Strophen das bronzene Glockendröhnen des großen Gedichts. Angelus Silesius und Novalis, den mystisch Gottzugewandten war ein linder Bruder und kein geringerer erstanden inmitten einer ins Sachliche und Klare gehärteten deutschen Welt.

Dieses große Wachstum weniger Jahre aus so schüchternem Beginn in ein weltumbreitendes Gottverlangen, dieses Sich-Weitern und diese erhabene Wandlung, sie haben wir, sie hat unsere Generation noch ehrfürchtig staunend miterlebt. Wunderbar war es uns, dies zu erleben, dieses Aufsteigen eines Dichters in die Zeit und von Jahr zu Jahr immer neu ergriffen, immer mitgerissener zu fühlen, wie dieses Einen Kunst sich füllte und erfüllte, wie die ersten dünnen Miniaturen seiner Bücher sich entzündeten zu brennenden Bildern, wie die Sprache sich vollsaugte mit Farben, wie die Gleichnisse immer wissender den Kern jeder Erscheinung angriffen, wie aus dem fragilen Element der Verse die ganze irdische Welt sinnlich gültig erstand und klargehämmerte Strophen mit immer selteneren und erstmaligen Reimen das scheinbar Fernste so inbrünstig an das Nahegelegene ketteten, daß wahrhaft unser ganzes seelisches Dasein von diesem zarten Gewebe umfangen schien. Und schon fühlten wir, daß über solche sprachschöpferische Vollendung hinaus nur ein Sich-Wiederholen, aber kein Fortschreiten mehr möglich sei, denn diese Gedichte, sie beugten sich schon, so wie Bäume sich neigen unter der Last ihrer Früchte, unter der Überwucht ihrer Reime, und die Verse dröhnten beinahe schon von ihrem Übermaß an Musik.

Aber ehe wir dies deutlich zu empfinden wagten, daß hier ein lyrisches Maß, eine einmalige Art der Endgültigkeit im Gedicht erreicht sei, die kein Überschreiten mehr duldete und im Sich-Wiederholen sich nur verringert hätte, da hatte er selbst schon sie erkannt, der große Künstler seine eigene Gefahr. Und mitten am Wege, oder vielmehr auf der Höhe seiner ersten Vollendung hat Rainer Maria Rilke noch einmal eingehalten und noch einmal begonnen, einen ganz neuen lyrischen Weg, denn selbst »in der Schwere zu ruhen« nach seinem eigenen herrlichen Wort, war diesem großartig Ungenügsamen versagt. Jene Schickung, die man Zufall nennt, hatte ihn damals nach Paris getrieben, dort war er Sekretär Rodins geworden und lebte in jenem weiten hallenden Saal draußen in Meudon, wo weiß und rein die Werke standen, ein steinerner Wald und doch eines abgesondert von dem andern durch die Leere des Raums und die innere Endgültigkeit ihrer Konturen. Dort sah er den Meister, den alten, mit seiner abteilenden Kraft und es reizte ihn mächtig, wie er zu sein und seinerseits im lyrischen Material ebenso streng und abschließend wie jener im Plastischen irdische Bildnisse zu formen, im gläsern gewichtlosen Element des Verses die gleiche Härte des Umrisses zu erzwingen wie jener in marmorn wuchtender Materie des erdgebundenen Steins. Man begreife die Kühnheit dieser Umkehr, denn gerade das Gegenteil seines Bisher unterfängt sich der nochmals Beginnende darzustellen: nicht mehr wie bislang die metaphysische Verbundenheit und das metaphorische Ähnlichsein der Dinge im irdischen Raume, die mystische Verschwisterung aller Erscheinung im allesumfassenden Gefühl, sondern Rilke unternimmt jetzt – furchtbares Unterfangen! – das schicksalhafte Alleinsein, die tragische Abgelöstheit jedes einzelnen Dinges von andern im Lebensraum grausam wahr zu verwirklichen. Deshalb warf er mitten im Werke die eigene erreichte Sprache wie ein Verbrauchtes weg, um eine andere, eine neue sich zu erfinden, er tritt aus dem bezwungenen Element der Musik kühn in das noch unbetretene der marmornen Plastik, der Melodiker in ihm erzieht sich spartanisch zur Härte und vor allem drängt er sich selbst, sein eigenes Dabeisein, sein Mitempfinden aus seinem Gedicht, gewissermaßen um den heiligen Monolog, den jedes Wesen im Weltall mit sich allein führt, nicht mit dem eigenen zuhorchenden Atem zu stören. Denn der Dichter, so fühlt er nun in dieser neuen wissenderen Phase, darf nicht der Mitredende sein in diesem neuen steinernen Gedicht, nicht seine Aussage redselig vermengen mit der erst zu erzwingenden des angeschauten Gegenstandes, er muß das Schweigen lernen und das sich Verschweigen im Werke, damit sich das eigenste leiblichste Wesen jedes Dings vollkommen aussage. Wie schön stellt er selbst diese strenge Forderung an sich und alle:

»... O alter Fluch der Dichter,
die sich beklagen, wo sie sagen sollten,
die immer urteil'n über ihr Gefühl
statt es zu bilden; die noch immer meinen,
was traurig ist in ihnen oder froh,
das wüßten sie und dürften's im Gedicht
bedauern oder rühmen. Wie die Kranken
gebrauchen sie die Sprache voller Wehleid,
um zu beschreiben, wo es ihnen wehtut,
statt hart sich in die Worte zu verwandeln,
wie sich der Steinmetz einer Kathedrale
verbissen umsetzt in des Steines Gleichmut.«

Das ist nun des späteren Rilke neue und heroisch geforderte Aufgabe: sich zu verwandeln, vollkommen restlos sich aufzulösen in fremder Gestalt, nicht mehr sich ihr sympathetisch zu binden, und dies Nur-Gestalten ist Werk und Wunder geworden in den beiden Bänden der »Neuen Gedichte«. Auf dem marmornen Estrich dieses Buches ist die Musik ausgelöscht und zertreten wie eine überflüssige Flamme; ein sachliches Licht grenzt jetzt transparent jede Erscheinung ab zu einer fast grausamen Deutlichkeit. Jedes dieser neuen Gedichte steht und besteht als ein Marmorbild, als reiner Umriß für sich, abgegrenzt nach allen Seiten und versperrt in seine unabänderlichen Konturen, wie die Seele in ihrem irdischen Leib. Diese Gedichte – ich nenne nur »Der Panther«, »Das Karussell« – sind herausgeschnitten aus dem unbeholfenen kalten Stein ihrer Taghelligkeit wie klare Kameen, durchsichtig dem bloß geistigen Blick, – Gebilde, wie sie die deutsche Lyrik bislang in ähnlich schneidender Härte nicht hatte, Sieg einer wissenden Sachlichkeit über das bloß Ahnungshafte, Triumph, endgültiger, einer ganz zu Plastik gewordenen Sprache. Jedes einzelne Ding steht dort in seiner unverrückbaren Schwere fugenlos und hermetisch verschlossen in seinem eigenen Selbst. Es atmet nicht mehr wie früher Musik, nur seine eingeborene Form und der Sinn seiner Seele spricht jedes mit unvergleichlicher Deutlichkeit geradezu geometrisch aus. Gedichte einer Art, ich wiederhole es noch einmal, waren unverhofft damit uns zugeschaffen, wie sie die deutsche Lyrik vordem nicht kannte, in solch einmaliger und abseitiger Perfektibilität, in so souveräner Nachbildung geschwisterlicher Kunst.

Derart war diesem unermüdlich Suchenden gelungen, die vieldeutige Welt abermals in neue, unvermutete Ordnung zu binden, und wie diese hundert lyrischen Standbilder, so hätte der Dichter noch Tausend und Tausende an dieser glückhaft gefundenen Formel zu prägen vermocht, jedes Tier, jeden Menschen, jede Erscheinung, jede Gestalt des Daseins in seiner eigensten Gestalt. Ein Grat, ein schwindelnd und einsam hoher der Vollendung war in wenigen Jahren völlig erreicht und damit eine Gußform gewonnen, in der mühelos Rilke die ganze Welt, Form an Form, hätte ein Leben lang nun bilden können: aber abermals wollte dieser Schöpferische nicht bloß als Wiederholer seiner selbst fortwalten, sondern es verlangte ihn – nach seinem herrlichen Worte – »der Tiefbesiegte von immer Größerem zu sein«. Noch einmal und nun zum dritten Male ging dieser schweigsam Ringende aus, das Erschaffene und darum Leichtgewordene heroisch zu verwerfen und eine abermals neue lyrische Form aus sich zu holen und sie aufzustufen dem unerreichbar Unendlichen entgegen.

Auf dieser Erhobenheit begannen vor zehn Jahren seine letzten Gedichte, die »Sonette an Orpheus« und die »Duineser Elegien«, jener Aufstieg in eine selbstgewählte Einsamkeit. Denn dieser äußersten Zone der Sprachluft, diesem großartig fremden Widerspiel von Überlicht und letzten Dunkelheiten, vermochte das an lindere Formen gewohnte Gefühl der meisten kaum mehr nachzufolgen. Hier ließen ihn die Deutschen allein, und wenige nur waren zur Stelle, um nachzufühlen, welch verwegener Versuchung sein bildnerischer Geist sich in diesen seinen letzten geheimnisvollsten Gedichten ergab. Denn hier, in diesem heiligen Herbst seiner endgültigen Reife fordert Rilke die Sprache zum Äußersten heraus, zum Versuche, das kaum mehr Darstellbare darzustellen: nicht das Tönen mehr, das aus den Dingen schwingt, nicht mehr ihre sinnlich gewahrsame Prägung, sondern den geheimnisvollen Bezug, der zwischen ihnen seelenhaft unsichtbar schwebt wie der Atem über der Lippe. Das Wortlose und dem Wort bisher Versagte, gerade das wollte hier sein ungenügsamer Schöpferwille erdeuten, Bildnis des bloß Begrifflichen, eine Metaphorik des Nichtmehr-Erschaubaren. Dies zu erreichen, mußte unendlich die Sprache sich spannen bis über den eigenen Rand, sie mußte hinab sich beugen in ihre untersten Abgründigkeiten, sie mußte hinaus über das Faßliche dem Unfaßbaren und kaum mehr Sagbaren entgegen. In diesen »Duineser Elegien« ist Rilke, der einst lyrische und dann franziskanische, schließlich der orphische Dichter geworden, jenes heiligen Dunkels voll, das so großartig die Verse der andern deutschen Frühentführten, jene des Novalis und Hölderlin überwogt. Kaum konnten wir damals, selber erstaunend, den Sinn erfassen, der in jenen letzten Gedichten lag, und nun erst öffnet er sich schmerzlich unserem Erkennen: es war nicht Anrede der Lebendigen mehr, die hier sich versuchte, sondern Zwiesprache schon mit dem andern, mit dem Jenseits der Dinge und des Gefühls. Es war bereits der Dialog mit dem Unendlichen, der hier anhub, brüderliche Gegenrede mit dem Tod, seinem eigenen langbereiteten und nun reif gewordenen Tod, der fordernd sein Auge zu dem Suchenden aus dem Dunkel emporhob.

Dies war sein letzter Aufstieg, und wir vermögen kaum den Firn zu bemessen, den er einsam auf diesem letzten Wege erreichte. Wie ein Ende war schon diese Vollendung und auch er selbst fühlte Bedürfnis einer Rast. Alles hatte ihm die Sprache gegeben, ihre tiefsten magischen Brunnen hatte er ausgeschöpft in seiner lyrischen Rede, das fast Unsagbare ihr herrisch aufgezwungen; so kams, daß er, ausatmend von so jähem Anstieg, um die Kräfte, die nie erschöpften, zu erproben, nun eine noch unbemeisterte, eine fremde Sprache wählte, daß er versuchte, jetzt in neuem Element, in französischen Strophen einen Rhythmus zu finden, eine neue, noch schwierigere Möglichkeit. Noch bis zum letzten Augenblick Liebhaber des Schwierigen, des kaum Erfüllbaren, wählte er diese äußerste Anstrengung sich als Rast und wohl wäre sie nur Pause geblieben zu neuem Anstieg dem Unendlichen zu.

Diese gewaltigste, in zwanzig Jahren heroisch erfüllte Bemühung aber um das lyrische Wort, dieser unermüdliche Dienst eines Dichters um die ewig unbeschließbaren Formen, er ward bei Rainer Maria Rilke nur sichtbar in seinem Werk: das Schaffen selbst wie sein Schicksal blieb verhüllt. Niemand hat ganz sein inneres Leben gekannt, keiner in seine letzte Werkstätte gesehen. Leise ist sein Werk gewachsen, schweigsam wie immer das Große geschieht, im Abseits ist es entstanden, wie alles Vollendete entsteht. Dieser Seltene wußte mit dem ahnenden Geist des Berufenen, daß Entscheidendes allezeit nur vollbracht werden könne durch ein gleichzeitiges großes Verzichten, daß immer der Künstler, so er anhebt, ein überdauerndes Werk rein zu erfüllen, zuvor entschlossene Absage leisten muß an den lärmenden Tag und jede Vermengung mit der unmittelbaren Welt, denn – unvergeßlich ist sein Wort:

> »Denn irgendwo ist eine alte Feindschaft
> Zwischen dem Leben und der großen Arbeit.« –

Mächtig ruft das Leben den Menschen an, übermächtig ruft es den Künstler, daß er sachlich in ihm wirke und im Sichtbaren mitgestalte, es will, das immer gegenwärtig gerichtete Leben, Gegenwärtigkeit, es will Vermengung und Anteil vom Dichter für seine Wirklichkeiten. Aber gleichzeitig wird der Dichter von innen herrisch und eifersüchtig gemahnt von seinem noch ungestalteten, einzig ins Zukünftige gewandten Werke, daß er sich absondere vom Leben, sich verweigere seinen Forderungen und nur dem Geiste, dem bildnerischen, diene. Eine Entscheidung ist dieser Art von jedem gefordert, daß er sich zu einmaliger Haltung entschließe, ob ganz zum dauernden Werke hin oder zur Zeitlebendigkeit. Rainer Maria Rilke, er hat sich nur der Kunst gegeben, dem heiligen Abseits und der stillen Askese des Werks. Die Rostra des Redners hat ihn nicht gekannt, fremd blieb er der Bühne und allem Tagwerk, sein Bildnis war nicht auf dem Markte und sein Wort, seine Mitrede fehlte in jedem Geschehnis und zeitlichen Streit; darum sind wenige unter den Menschen, die sein Antlitz, sein Leben wissend erkannten. Oft war er in den Städten und auch in dieser Stadt, aber ein Verborgenes ging da mit ihm, das ihn umhüllte und keine Gegenwart fühlte die seine, so scheu war sie und so voll lauschendem Abseitssein. Leise trat er in jeden Raum, ob in Furcht zu stören oder gestört zu werden, man wußte es nicht, und selbst sein Gespräch war mehr gütiges Lauschen als strömendes Wort. Oft ruhte ein leichtes gutes Lächeln auf seinen Lippen, aber es war ebensoviel Abwehr wie Verbergen darin als einladende Liebe. Man hatte Angst ihm nahezukommen, so viel tiefe Stille war um ihn, und war doch beglückt, wie klar, rein und brüderlich sein Wort aus dieser Stille uns entgegenkam. Aber nie trat er selbst vor, der in der Kunst nur Anspruchsvolle, der im Leben so Bescheidene, immer blieb er der scheue Knabe, der in seinem Lied gesungen: »Ich fürchte mich so vor der Menschen Wort«, immer bewegte ihn Angst, das gewalttätig Reale möchte zu stürmisch andrängen gegen ihn und dies kristallen tönende Gefäß von Stille, das er ehrfürchtig in seinen Händen trug, zerstören. So ging er in sich gebeugt und scheu durch den Lärm und die Literatur unserer Tage, wie in eine Wolke gehüllt. Und so wie eine Wolke, lautlos und ohne Drängen, umrötet vom Widerschein des Unendlichen, ist er hinübergegangen.

So leise wie er eintrat in jeden Raum, so verborgen wie er hinging durch unsere schaugierige Zeit, so leise ist er von uns gegangen. Er war krank und niemand hat es gewußt. Er starb hin und niemand hat es geahnt: auch dies Geheimnis seines Leidens, seines Krankseins, seines Sterbens, auch dies nahm er ganz in sich hinein um es dichterhaft und schön zu gestalten, um auch dieses letzte und langvorbereitete Werk rein zu vollenden: seinen eigenen Tod. Ganz früh hat er begonnen, dieser sein Tod in seinem schmalen und verschwiegen durch das Leben hin getragenen Leibe, er war von Anfang diesem Letzten und Ausgemüdeten seines Geschlechts schöpferisch eingetan und er wuchs mit seinem Wachsen unaufhaltsam und unmerklich. Manchmal sprach diese jenseitige Stimme in den geheimnisvollsten seiner Verse mit und dann vernahm man jene erschütternde Schwingung inmitten des Gedichtes, die gleiche wie bei Keats und Novalis, den Frühhingegangenen, die niemals vom Irdischen kommt. Ein geisterhafter Klang, süß und dunkel zugleich überwogte manchmal seine Worte und Verse, schwarzer Bogenstrich aus anderen Sphären, ein Sprechen gleichsam von Schatten her weggewanderter Seelen, denn:

Nur wer mit Toten vom Mohn
Aß, von dem ihren
Wird nicht den leisesten Ton
Wieder verlieren.

Jene Prosa-Elegie des Malte Laurids Brigge über den fremden Tod, die düster gewandeten Strophen des »Requiem«, was waren sie, wenn nicht vorausgeahndeter Grabgesang und Anruf des eigenen Todes? Er hat ihn innen gefühlt, jahrelang schon, aber wie alles Gefühlte ihn groß erhoben und verwandelt ins Gedicht, bis sein Tragisches nur mehr tönende Trauer war und die Mahnung ins Vergängliche selbst Unvergänglichkeit. Wir jedoch, wir liebevoll Lauschende, betört von dieser Musik, wir liebten den in ihm wachsenden Tod ahnungslos mit seinem Leben und genossen die seltene Süße, dies selig Sichlösende, als ein Geschenk. Und erst als dieser Tod grob in die Welt schlug wie eine plötzlich zufallende Tür, da schraken wir auf und sehen bestürzt nun die eingebrochene Leere und die Armut unseres Zurückgebliebenseins.

Aber mit diesem Tod zu rechten, ihn früh und grausam zu nennen, nein, das wäre nicht seines Sinns. Wir haben ehrfürchtig zu sein vor diesem Tode um seiner Ehrfurcht willen. Soviel dieser Tod uns auch genommen an ungesagten Dingen und unsagbaren Möglichkeiten, dies müssen wir ihm dennoch danken, daß er ein hohes Bildnis uns unverstellt erhalten bis zur letzten Stunde und Rainer Maria Rilkes Angedenken als ein vollkommenes vor unserer Liebe steht, eine hohe Gewähr für jeden Bemühten im Geiste, eine erlauchte Bürgschaft für jede Jugend, daß durch Sammlung der Seele und Reinheit des Daseins der Dichter auch heute noch möglich ist in unserer dem Dichterischen abwendig gewordenen Welt. Er war dieser Dichter, er blieb es bis zum letzten Atem seiner Lippe und es ist die einzige Tröstung unserer Trauer, daß wir sagen dürfen: wir haben ihn erlebt.

Vor so hohem, so seltenem Ereignis wird selbst die Trauer

zur Demut und die Klage verflutet in Dank. So wollen wir nicht klagen, sondern ihn rühmen aus der Mitte unserer Trauer, und wie man an offenem Grabe dreimal die Scholle der Erde zum Abschied wirft, so senke dreimal die Scholle des Worts sich ihm nach. Wir wollen ihm danken im Namen unserer Vergangenheit, im Namen unserer Gegenwart und der noch wartenden Zeit. Wir wollen ihm danken:

Ruhm und Ehrfurcht dir, Rainer Maria Rilke, um der Vergangenheit willen, die dich wachsen sah durch Demut und Geduld von schmalem Beginne zu großer Vollendung, – ein Beispiel jeder Jugend und ein Vorbild jedem zukünftigen Künstler!

Ruhm und Ehrfurcht dir, Rainer Maria Rilke, um unserer Gegenwart willen, der du das Seltenste und Notwendigste, der du das Bildnis des Dichters wieder einmal als eine lautere Einheit und Reinheit gezeigt!

Und Ruhm und Ehrfurcht dir, Rainer Maria Rilke, du frommer Steinmetz am ewig unvollendbaren Dome der Sprache, um deiner Liebe zum Unerreichbaren willen – Ruhm und Ehrfurcht dir für deine Verse und Werke in alle Dauer dieser deutschen Sprache!

Aus Briefen von Zweig an Edmond Jaloux:[11]

11. März 1928

... Die Briefe Rilkes an Rodin sind erschienen[12], es gibt bewundernswerte darunter. Aber ich glaube, seine Briefe an Frauen werden noch mehr überraschen: in der Unterhaltung enthüllte er sich ganz und völlig nur den Frauen, selbst seinen Freunden gegenüber behielt er eine gewisse Keuschheit....

7. Dezember [1931?]

... Was Rilkes Briefe betrifft, lieber Freund, so habe ich mit Kippenberg gesprochen. Es werden vorläufig nur einige besondere Korrespondenzen veröffentlicht, z. B. die Briefe an die Fürstin von Thurn und Taxis und an Rodin. Die Rechte zur Veröffentlichung liegen aber nicht bei Kippenberg allein, sondern bei der Familie, und, wie es scheint, gibt es da einige Schwierigkeiten zu überwinden.

Ich habe einige der Briefe Rilkes an Rodin im Umbruch gesehen, insbesondere den unmittelbar nach dem Mißverständnis, das zum Ausweisen aus Rodins Haus führte: einen sehr ergreifenden Brief, der Rilkes edle Gesinnung vorzeigt. Es ist nichts weniger als leicht, mit den Erben zu verhandeln, die nur einen spärlichen Kontakt mit ihm zeit seines Lebens hielten und nun allerhand Schwierigkeiten in bezug auf die Veröffentlichung der Nachlaßwerke bereiten...

Aus dem Briefwechsel Ben W. Huebsch – Stefan Zweig:[13]

Huebsch an Zweig

May 4, 1932

Dear Friend Zweig, I have a favor to ask you that I think you will be glad to grant. W.W. Norton, a very good New York publisher who is a friend of mine, has brought out a translation of one of Rilke's works[14] and now has in preparation »Die Beichte vom Leben und Tod des Cornet Christoph Rilke«.

Mrs. Norton, a woman of culture and, incidentally, a highly gifted violinist, is equally interested with her husband in publishing Rilke and, indeed, the project is a labor of love, with only a slender chance that it may pay. The chances are especially bad now, and so I suggested to Mr. Norton that he publish, in addition to the regular edition, a few hundred copies in better Ausstattung for collectors and that he permit me to ask you to write a short introduction which would, of course, be printed in both editions.

Few Americans know Rilke's name, but there are a great

many who might become interested in Rilke on your recommendation. It occurred to me that you might even be grateful to me for putting you in the way of becoming Rilke's sponsor here. The introduction may be brief, say 300 – 400 words, and its contents should be according as the spirit may move you – either about the poem or about the man.

If you will accept this unlucrative commission, be good enough to drop me a card so that I may be able to inform Mr. Norton before I sail (June 4). The introduction itself may be written at any time during the summer. I shall not ask you to forgive me for putting this burden on you, for I do not think that you will regard it as an unpleasant one....

Zweig an Huebsch

Kapuzinerberg 5
Salzburg
am 13. Mai 1932

Lieber verehrter Freund!

Gerne will ich eine solche Einleitung schreiben wie Sie sie vorschlagen. Sagen Sie nur bitte Madame Norton noch eines: daß ich das handschriftliche Manuskript gerade dieses Werkes von Rilke besitze und es vielleicht eine besondere Verschönerung der Luxusarbeit wäre, wenn man daraus eine Seite aus dem kalligraphisch geschriebenen Manuskript reproduzieren würde. Ich stelle ihr dann gern die Fotografie einer Seite zur Verfügung....[15]

Stefan Zweig
Rainer Maria Rilke

(Vortrag, gehalten in London bei einem Symposion im 10. Todesjahr Rilkes, 1936)[16]

Meine Damen und meine Herren!

Sie werden an dem heutigen Tage und in den folgenden Wochen in den lectures so viel von kompetentester Seite über das Werk des vielgeliebten Dichters Rainer Maria Rilke hören, daß eine Einleitung mir selbst überflüssig und anspruchsvoll erscheint. Aber vielleicht habe ich doch ein gewisses Recht, hier das Wort zu nehmen – ein sehr kostbares und zugleich sehr schmerzliches Vorrecht, denn ich bin in Ihrem Lande einer der wenigen, vielleicht der einzige von jenen, die Rilke persönlich gekannt haben, und eine dichterische Erscheinung ist niemals vollkommen erkennbar, wenn man nicht zugleich das Bildnis des Menschen erweckt. Und so, wie man in einem Buche gerne dem gedruckten Text das Bild seines Autors voranstellt, so lassen Sie mich versuchen, eine rasche Silhouette des zu früh Dahingegangenen Ihnen zu geben.

Der reine Dichter in unserer Zeit ist selten, aber vielleicht noch seltener ist die rein dichterische Existenz, eine vollkommene Lebensführung. Und wer das Glück hatte, eine solche Harmonie des Schaffens und des Lebens in einem Manne vorbildlich verwirklicht zu sehen, dem obliegt die Pflicht, für seine Generation und vielleicht noch für die nächste Zeugenschaft zu leisten für dieses moralische Wunder. Ich hatte durch Jahre Gelegenheit, Rainer Maria Rilke öfters zu begegnen. Wir hatten gute Gespräche in den verschiedensten Städten. Ich bewahre Briefe von ihm und als ein kostbares Geschenk die Handschrift seines berühmtesten Werkes, »Die Weise von Liebe und Tod«. Dennoch würde ich nicht wagen, mich vor Ihnen seinen Freund zu nennen, denn dazu war die Distanz des Respekts bei mir immer zu groß und das Wort »Freund« in der deutschen Sprache drückt eine intensivere, intimere Beziehung aus als das englische »friend«. Es wird nur sparsam gegeben, weil es eine innerste Bindung bedingt, eine Bindung, die Rilke selten irgend jemandem gewährte – Sie können in seinen Briefen sehen, daß er dieses Wort in dreißig Jahren vielleicht nur zwei- oder dreimal als Ansprache ausgesprochen hat. Und schon dies war für sein Wesen ungemein charakteristisch. Rilke hatte eine große Scheu vor ausgesprochenen, vor verratenen Gefühlen. Er liebte es, seine Person und sein Persönliches möglichst zu verbergen, und wenn ich die vielen Menschen, denen ich im Laufe eines Lebens begegnet bin, mir vor das innere Auge stelle, so kann ich mich keines erinnern, dem es gelungen war, mit seinem Äußeren so unauffällig zu bleiben wie Rilke. Es gibt andere Dichter, die sich eine Maske schaffen zur Abwehr gegen den Andrang der Welt, eine Maske von Hochmut, von Härte. Es gibt Dichter, die um ihrer Arbeit willen ganz in ihr Werk flüchten, sich abschließen und unzugänglich werden; bei Rilke war nichts von alledem. Er sah viele Menschen, er reiste durch alle Städte, aber sein Schutz war seine völlige Unauffälligkeit, eine unbeschreibbare Art von Stille und Leisesein, die um ihn eine Aura der Unberührbarkeit schuf. In einem Eisenbahnzug, in einem Restaurant, einem Konzert wäre er niemals aufgefallen. Er trug die einfachste, aber sehr saubere und geschmackvolle Kleidung, er vermied jedes Attribut, welches das Dichterische betonen konnte, er verbot, seine Bilder in Zeitschriften zu veröffentlichen, aus diesem unbeugsamen Willen, privat bleiben zu können, ein Mensch unter den andern, denn er wollte beobachten können, statt beobachtet zu werden. Denken Sie sich irgendeine Gesellschaft in München oder Wien, wo ein, zwei Dutzend Leute im Gespräch beisammensitzen. Ein zarter, sehr jung aussehender Mann tritt ein, und schon dies ist charakteristisch, daß sie sein Eintreten gar nicht bemerkt haben. Er ist ganz still, mit leisen, kleinen Schritten plötzlich da, hat vielleicht einem oder dem andern die Hand gedrückt, und nun sitzt er da mit leicht gesenktem Kopf, um die Augen nicht zu zeigen, diese wunderbaren hellen und beseelten

Augen, die ihn einzig verrieten. Er sitzt still, die Hände über dem Knie gefaltet, und hört zu – aber lassen Sie sich nur sagen, ich habe nie eine bessere, eine teilnehmendere Art des Zuhörens gekannt als die seine. Es war ein vollkommenes Lauschen, und wenn er dann sprach, so geschah es so leise, daß man kaum spürte, wie schön und dunkeltönig seine Stimme war. Nie wurde er heftig, nie versuchte er jemanden zu überreden, zu überzeugen, und wenn er spürte, daß ihm zu viele zuhörten, daß er in den Mittelpunkt der Aufmerksamkeit geriet, so zog er sich bald in sich selber zurück. Die wirklichen Gespräche, jene, an die man sich ein Leben lang erinnert, gelangen nur, wenn man mit ihm allein war und am besten abends, wo ihn das Dunkel ein wenig deckte, oder in den Straßen einer fremden Stadt. Aber diese Zurückhaltung Rilkes war keineswegs Hochmut und keineswegs Ängstlichkeit, und nichts wäre falscher, als sich ihn als einen neurotischen, einen verbogenen Menschen zu denken. Er konnte herrlich unbefangen sein, auf die natürlichste Weise mit natürlichen Menschen sprechen und sogar heiter sein. Nur alles Laute, Grobe war ihm unerträglich. Ein lauter Mensch war für ihn eine persönliche Qual, jede Zudringlichkeit oder Aufdringlichkeit von Bewunderern gab seinem klaren Gesicht einen ängstlichen, einen verschreckten Ausdruck, und es war wunderbar zu sehen, wie seine leise Art Gewalt hatte, die Zudringlichsten zurückhaltend, die Lärmendsten leise, die Selbstbewußten bescheiden zu machen. Wo er war, entstand gleichsam eine gereinigte Atmosphäre. Ich glaube, daß nie in seiner Gegenwart jemand ein unanständiges oder grobes Wort gewagt hat, niemand den Mut gehabt hat, literarischen gossip oder Gehässigkeiten zu erzählen. Wie ein Tropfen Öl im bewegten Wasser um sich einen Kreis der Ruhe schafft, so brachte er etwas Reines in jede Umgebung. Diese Gewalt, alles um sich herum harmonisch zu machen, das Brutale abzudämpfen, das Häßliche in eine Harmonie aufzulösen, war bei ihm erstaunlich. Und so wie den Menschen, solange sie um ihn waren, verstand er auch jedem Raum, jeder Wohnung, in der er wohnte, sofort dieses Zeichen aufzuprägen. Und er wohnte meist in schlimmen Wohnungen, da er arm war, fast immer waren es Mietszimmer, ein oder zwei, in denen er wohnte, mit gleichgültigen, banalen Möbeln. Aber wie Fra Angelico seine Zelle aus niederster Nüchternheit in Schönheit zu verwandeln wußte, so verstand er, seine Umwelt sofort persönlich zu machen. Es waren immer nur Kleinigkeiten, denn er wollte und liebte den Luxus nicht – eine Blume am Pult in einer Vase, ein paar Reproduktionen an der Wand, für ein paar Schillinge gekauft. Aber er wußte diese Dinge anzuordnen mit einer Sauberkeit und Systematik, daß sofort völlige Ordnung in einem solchen Raume war. Er neutralisierte das Fremde durch diese innere Harmonie. Alles, was er um sich hatte, mußte nicht schön sein, nicht kostbar. Aber es mußte in seiner Form vollendet sein, denn er, der Formkünstler, ertrug auch im äußern Leben nicht das Formlose, das Chaotische, das Zufällige, das Ungeordnete. Wenn er einen Brief schrieb mit seiner schönen runden aufrechten Schrift, so durfte es keine Korrektur darin geben, keinen Tintenfleck. Mitleidslos zerriß er jeden Brief, in dem ihm die Feder ausgeglitten war, und schrieb ihn nochmals von Anfang bis zu Ende. Wenn man ihm ein Buch geliehen hatte und er gab es zurück, so war es geradezu zärtlich in Seidenpapier gewickelt und irgendein farbiges dünnes Band umschnürte es und eine Blume lag dabei oder ein besonderes Wort. Sein Koffer, wenn er reiste, war ein Kunstwerk der Ordnung, und so verstand er jeder Kleinigkeit an einer verborgenen, unauffälligen Stelle sein Zeichen aufzuprägen. Eine gewisse Abgestimmtheit um sich zu schaffen, war ihm Bedürfnis, gleichsam eine Luftschicht um sich zu haben, so wie sie in Indien einerseits die Heiligen haben und anderseits die Menschen der niedersten Kaste, die Unberührbaren, die niemand am Ärmel zu streifen wagt. Es war dies nur eine ganz dünne Schicht, man konnte dahinter die Wärme seines Wesens spüren, und doch bewahrte sie undurchdringlich das Reine und Persönliche an ihm, wie die Schale die Frucht. Und sie bewahrte, was ihm das Wichtigste war: die Freiheit des

Lebens. Keiner der reichen, der erfolgreichen Dichter und Künstler unserer Zeit war so frei wie Rilke, der sich nirgends band. Er hatte keine Gewohnheiten, keine Adresse, er hatte eigentlich auch kein Vaterland; er lebte ebenso gerne in Italien wie in Frankreich und Österreich; und man wußte niemals, wo er war. Fast immer war es Zufall, wenn man ihm begegnete; plötzlich vor einem Pariser Bouquinisten oder in einer Gesellschaft in Wien kam einem sein freundliches Lächeln entgegen und seine weiche Hand. Ebenso plötzlich war er wieder dahin, und wer ihn verehrte, wer ihn liebte, fragte ihn nicht, wo er zu finden wäre, suchte ihn nicht auf, sondern wartete, bis er zu einem kam. Aber jedesmal war es für uns Jüngere, ihn gesehen, ihn gesprochen zu haben, ein Glück und eine moralische Lehre. Denn bedenken Sie, was es für uns Jüngere an erziehlicher Kraft bedeutete, einen großen Dichter zu sehen, der menschlich nicht enttäuschte, der nicht geschäftig und geschäftlich war, der einzig um sein Werk sich kümmerte und nicht um seine Wirkung, der nie Kritiken las und sich nie begaffen und interviewen ließ, der anteilnehmend blieb und bis zur letzten Stunde von einer wunderbaren Neugier für alles Neue. Ich habe ihn gehört, wie er statt eigene Gedichte einem Kreis von Freunden einen ganzen Abend die Verse eines jungen Dichters vorlas, ich habe von seiner Hand ganze Seiten gesehen, die er aus fremden Werken sich abgeschrieben mit seiner wunderbar kalligraphischen Schrift, um sie weiter – zu verschenken. Und es war rührend, mit welcher Demut er sich einem Dichter wie Paul Valéry unterordnete, wie er ihm durch Übersetzung diente und, ein Fünfzigjähriger, von dem Fünfunddreißigjährigen sprach wie von einem unerreichbaren Meister. Bewundern, das war sein Glück, und es war nötig in den letzten Jahren seines Lebens, denn, dies ersparen Sie mir zu beschreiben, wie dieser Mensch litt unter dem Kriege und unter der Zeit nach dem Kriege, als die Welt blutgierig war, häßlich, roh, barbarisch, als die Stille, die er um sich schaffen wollte, nicht mehr möglich war. Und nie werde ich vergessen die Verstörung in seinem Wesen, als ich ihn in Uniform sah. Jahre und Jahre der inneren Lähmung mußte er überwinden, ehe er wieder einen Vers schreiben konnte. Aber dann war es jene Vollendung der Duineser Elegien.

Meine Damen, meine Herren, ich versuchte Ihnen nur mit einem Wort etwas von der Kunst des reinen Lebens in Rilke anzudeuten, dieses Dichters, der nie in der Öffentlichkeit sichtbar gewesen war, nie unter den Menschen seine Stimme erhoben und dessen lebendigen Atem man kaum gespürt. Aber doch, niemand hat, als er gegangen war, unserer Zeit so gefehlt wie dieser Leiseste, und nun erst spürt Deutschland, spürt die Welt das Unwiederbringliche, das in seinem Wesen war.

Manchmal geschieht es einem Volke, wenn ein Dichter stirbt, als stürbe die Dichtung selber mit ihm. Vielleicht hat England ähnliches erlebt, als in einem einzigen Jahrzehnt Byron hingegangen und Shelley und Keats. In solchen tragischen Augenblicken wird dieser letzte gleichsam seiner Generation zum Symbol des Dichters überhaupt und man zittert, es sei der letzte gewesen, den wir erlebten. Wenn wir heute in Deutschland Dichter sagen, denken wir noch immer an ihn, und indes wir seine geliebte Gestalt noch mit den Blicken an all den Orten suchen, wo wir ihr begegnet sind, ist sie schon hinübergegangen aus unserer Zeit ins Zeitlose und Statue geworden im marmornen Haine der Unsterblichkeit.

Aus einem Brief Zweigs an Anton Kippenberg[17]

Mailand
3. Januar 1937

... An solchen Büchern [Carossas][18] kann man lernen und glücklich der Verleger, der sie sein Eigen nennen kann, ehe sie Eigentum einer ganzen Gemeinschaft und der Literaturgeschichte werden! An dem zehnten Todestage Rilkes habe ich innig an ihn und mit dem Entschwundenen an die entschwundene Zeit gedacht, die uns jetzt auf einmal – damals fühlten wir es nicht – als eine große Zeit der deutschen Lyrik erscheint; es ist sonderbar, Menschen, mit denen man zu Tisch gesessen, nun schon als zeitlose Gestalten zu empfinden, und wie sonderbar, Sie erleben es gewiß gleichfalls, von jungen Menschen heute darum beneidet zu werden, Rilke noch persönlich gekannt zu haben und ich spüre dann immer bei diesem Staunen wie viel Zeit man weggelebt hat...

Es war das neue Jahr, das mich zu diesem Gruß an Sie drängte, das dreißigste seit unserem ersten Inselverzeichnis und das wollte nicht vergessen sein...

Ein letztes Zeugnis brachte Zweig 1941 in seinen im Exil geschriebenen Memoiren Die Welt von gestern – Erinnerungen eines Europäers*:*[19]

Wenn ich den teuren Namen Rainer Maria Rilkes, obwohl er ein deutscher Dichter war, auf das Blatt der Pariser Tage schreibe, so geschieht dies, weil ich in Paris am öftesten und besten mit ihm beisammen gewesen bin und sein Antlitz wie auf alten Bildern immer von dem Hintergrund dieser Stadt abgehoben sehe, die er wie keine andere geliebt. Gedenke ich heute seiner und jener anderen Meister des wie in erlauchter Goldschmiedekunst gehämmerten Worts, gedenke ich dieser verehrten Namen, die wie unerreichbare Sternbilder meine Jugend überleuchtet haben, so drängt sich mir unwiderstehlich die wehmütige Frage auf: werden solche reine, nur dem lyrischen Gebilde zugewandte Dichter in unserer gegenwärtigen Zeit der Turbulenz und allgemeinen Verstörtheit abermals möglich sein? Ist es nicht ein verschollenes Geschlecht, das ich in ihnen liebend beklage, ein Geschlecht ohne unmittelbare Nachfolge in unseren von allen Orkanen des Schicksals durchstürmten Tagen – diese Dichter, die nichts begehrten vom äußeren Leben, nicht Anteil der breiten Masse noch Ehrenzeichen und

Würden und Gewinn, die nichts erstrebten, als in stillem und doch leidenschaftlichem Bemühen Strophe an Strophe vollendet zu binden, jede Zeile durchdrungen von Musik, leuchtend in Farben, glühend von Bildern. Eine Gilde bildeten sie, einen fast mönchischen Orden mitten in unserem lärmenden Tag, sie, diese bewußt vom Täglichen Abgewandten, denen im Weltall nichts wichtiger war als der zarte und doch das Gedröhn der Zeit überdauernde Laut, wenn ein Reim, an den andern sich fügend, jene unbeschreibliche Regung entäußerte, die leiser war als der Ton eines fallenden Blattes im Wind und doch die fernsten Seelen mit ihrer Schwingung berührte. Aber wie erhebend für uns junge Menschen war die Gegenwart solcher sich selbst Getreuen, wie vorbildlich diese strengen Diener und Wahrer der Sprache, die einzig dem geläuterten Wort ihre Liebe gaben, dem Wort, das nicht der Zeit und der Zeitung, sondern dem Dauernden und Überdauernden galt. Fast beschämend war es auf sie zu blicken, denn wie leise lebten sie, wie unscheinbar, wie unsichtbar, der eine bäuerlich auf dem Lande, der andere in einem kleinen Beruf, der dritte wandernd über die Welt als ein passionate pilgrim, alle von Wenigen nur gekannt, aber von diesen Wenigen umso leidenschaftlicher geliebt. Da war einer in Deutschland und einer in Frankreich, einer in Italien und doch jeder in derselben Heimat, denn sie lebten einzig im Gedicht, und indem sie so mit strengem Verzicht alles Ephemere mieden, formten sie, Kunstwerke bildend, ihr eigenes Leben zum Kunstwerk. Wunderbar scheint es mir immer wieder, daß wir in unserer Jugend solche makellose Poeten unter uns gehabt. Aber ich frage mich deshalb auch immer wieder in einer Art heimlicher Sorge: werden auch in unseren Zeiten, in unseren neuen Lebensformen, die den Menschen aus jeder innern Sammlung mörderisch hinausjagen wie ein Waldbrand die Tiere aus ihren verborgensten Verstecken, solche völlig der lyrischen Kunst verschworenen Seelen möglich sein? Ich weiß wohl, immer wieder ereignet sich das Wunder eines Dichters in den Zeiten, und Goethes bewegliche Tröstung in seiner

Nänie auf Lord Byron bleibt ewig wahr: »Denn die Erde zeugt sie wieder, wie sie sie von je gezeugt.« Wieder und wieder werden in begnadeter Wiederkehr solche Dichter erstehen, denn immer verleiht von Weile zu Weile die Unsterblichkeit dies kostbare Unterpfand auch der unwürdigsten Zeit. Aber ist nicht gerade die unsere eine, die auch dem Reinsten, dem Abseitigsten keine Stille erlaubt, jene Stille des Wartens und Reifens und Sinnens und Sich-Sammelns, wie sie jenen noch gegönnt war in der gütigeren und gelasseneren Zeit der europäischen Vorkriegswelt? Ich weiß nicht, wieviel alle diese Dichter, Valéry, Verhaeren, Rilke, Pascoli, Francis Jammes heute noch gelten, wieviel sie einer Generation sind, der statt dieser zarteren Musik durch Jahre und Jahre das klappernde Mühlrad der Propaganda und zweimal der Donner der Kanonen die Ohren durchdröhnt. Ich weiß nur und fühle die Pflicht, es dankbar auszusagen, welch eine Lehre, welch eine Beglückung die Gegenwart solcher heilig der Perfektion Verschworenen inmitten einer schon sich mechanisierenden Welt für uns gewesen ist. Und rückschauend auf mein Leben, gewahre ich kaum bedeutsameren Besitz, als daß es mir erlaubt war, manchem von ihnen menschlich nahe zu sein, und daß mehrfach an meine frühe Verehrung dauernde Freundschaft sich binden durfte.

Von allen diesen hat vielleicht keiner leiser, geheimnisvoller, unsichtbarer gelebt als Rilke. Aber es war keine gewollte, keine forcierte oder priesterlich drapierte Einsamkeit wie etwa Stefan George sie in Deutschland zelebrierte; die Stille wuchs gewissermaßen um ihn, wohin er ging und wo er sich befand. Da er jedem Lärm und sogar seinem Ruhm auswich, – dieser »Summe aller Mißverständnisse, die sich um einen Namen sammeln«, wie er einmal so schön sagte –, netzte die eitel anstürmende Woge der Neugier nur seinen Namen und nie seine Person. Rilke war schwer zu erreichen. Er hatte kein Haus, keine Adresse, wo man ihn suchen konnte, kein Heim, keine ständige Wohnung, kein Amt. Immer war er am Wege durch die Welt, und niemand, nicht einmal er selbst, wußte im voraus, wohin er sich wenden würde. Für seine unermeßlich sensible und druckempfindliche Seele war jeder starre Entschluß, jedes Planen und jede Ankündigung schon Beschwerung. So ergab es sich immer nur durch Zufall, wenn man ihm begegnete. Man stand in einer italienischen Galerie und spürte, ohne recht gewahr zu werden, von wem es kam, ein leises freundliches Lächeln einem entgegen. Dann erst erkannte man seine blauen Augen, die, wenn sie einen anblickten, seine an sich eigentlich unauffälligen Züge mit ihrem inneren Licht beseelten. Aber gerade diese Unauffälligkeit war das tiefste Geheimnis seines Wesens. Tausende Menschen mögen vorübergegangen sein an diesem jungen Manne mit dem leicht melancholisch niederhängenden blonden Schnurrbart und den durch keine Linie besonders bemerkenswerten, ein wenig slavischen Gesichtsformen, ohne zu ahnen, daß dies ein Dichter und einer der größten unseres Jahrhunderts war; seine Besonderheit wurde erst in näherem Umgang offenbar: die ungemeine Verhaltenheit seines Wesens. Er hatte eine unbeschreibbar leise Art des Kommens, des Sprechens. Wenn er in ein Zimmer eintrat, wo eine Gesellschaft versammelt war, geschah es dermaßen lautlos, daß kaum jemand ihn bemerkte. Still lauschend saß er dann, hob manchmal unwillkürlich die Stirn, sobald ihn etwas zu beschäftigen schien, und wenn er selbst zu sprechen begann, so immer ohne jede Affektation oder heftige Betonung. Er erzählte natürlich und einfach, wie eine Mutter ihrem Kind ein Märchen erzählt und genau so liebevoll; es war wunderbar ihm zuzuhören, wie bildhaft und bedeutend auch das gleichgültigste Thema sich ihm formte. Aber kaum er spürte, daß er in einem größeren Kreise Mittelpunkt der Aufmerksamkeit wurde, brach er ab und senkte sich wieder in sein schweigsames, aufmerksames Lauschen zurück. In jeder Bewegung, in jeder Geste war dies Leise; selbst wenn er lachte, war es bloß mit einem gerade nur andeutenden Ton. Sordiniertheit war ihm Bedürfnis, und nichts konnte ihn darum dermaßen verstören wie Lärm und im Raum des Gefühls jede Vehemenz. »Sie erschöpfen mich, diese Menschen, die ihre Empfindungen wie Blut ausspeien«, sagte er mir einmal, »und Russen nehme ich darum nur mehr wie Likör in ganz kleinen Dosen zu mir.« Nicht minder als Gemessenheit im Betragen, waren ihm Ordnung, Sauberkeit und Stille geradezu physische Bedürfnisse; in einer überfüllten Trambahn fahren zu müssen, in einem lärmenden Lokal zu sitzen, verstörte ihn für Stunden. Alles Vulgäre war ihm unerträglich, und obwohl er in engen Verhältnissen lebte, zeigte seine Kleidung immer ein Summum von Sorgfalt, Sauberkeit und Geschmack. Sie war gleichfalls ein durchdachtes, ein durchdichtetes Meisterwerk der Unauffälligkeit, und immer doch mit einer unscheinbaren, ganz persönlichen Note, einem kleinen Nebenbei, an dem er sich heimlich freute, etwa einem dünnen silbernen Armbändchen um das Handgelenk. Denn bis in das Intimste und Persönlichste ging sein ästhetischer Sinn für Vollendung und Symmetrie. Einmal sah ich ihm in seiner Wohnung vor der Abreise zu – er lehnte meine Hilfe mit Recht als unzuständig ab – wie er seinen Koffer packte. Es war wie ein Mosaiklegen, jedes einzelne Stück beinahe zärtlich in den sorgfältig ausgesparten Raum eingesenkt; ich hätte es als Frevel empfunden, dieses blumenhafte Beisammensein durch einen helfenden Handgriff zu zerstören. Und dieser sein elementarer Schönheitssinn begleitete ihn bis ins nebensächlichste Detail; nicht nur daß er seine Manuskripte so sorgfältig auf schönstem Papier mit seiner kalligraphisch runden Hand schrieb, daß wie nachgemessen mit dem Zollstab jede Zeile zur andern in gleicher Schwebe stand; auch für den gleichgültigsten Brief wählte er erlesenes Papier, und regelmäßig, rein und rund ging seine kalligraphische Schrift hart heran bis an das Spatium. Niemals erlaubte er sich, selbst in der hastigsten Mitteilung, ein durchgestrichenes Wort, sondern immer schrieb er, sobald ein Satz oder ein Ausdruck ihm nicht vollwertig schien, mit seiner großartigen Geduld den ganzen Brief noch ein zweitesmal. Nie gab Rilke etwas aus der Hand, was nicht ganz vollendet war.

Diese Sordiniertheit und gleichzeitige Gesammeltheit seines Wesens wirkte auf jeden bezwingend, der ihm näherkam. Wie man sich Rilke selbst unmöglich heftig denken konnte, so auch keinen andern, der in seiner Gegenwart durch die ausströmende Schwingung seiner Stille nicht jede Lautheit und Anmaßung verloren hätte. Denn sein Verhaltensein schwang aus als eine geheimnisvoll fortwirkende, eine erziehliche, eine moralische Kraft. Nach jedem längeren Gespräch mit ihm war man für Stunden oder sogar Tage unfähig irgendeiner Vulgarität. Freilich setzte anderseits diese ständige Temperiertheit seines Wesens, dieses Nie-sich-voll-geben-Wollen jeder besonderen Herzlichkeit eine frühe Grenze; ich glaube, daß nur wenige Menschen sich rühmen dürfen, Rilkes »Freunde« gewesen zu sein. In den sechs veröffentlichten Bänden seiner Briefe findet sich fast nie diese Ansprache, und das brüderlich vertrauliche Du scheint er seit seinen Schuljahren kaum irgend jemandem gewährt zu haben. Seiner außerordentlichen Sensibilität war es unerträglich, irgendjemanden oder irgendetwas an sich allzu nah herankommen zu lassen, und insbesondere alles stark Maskuline erregte bei ihm ein geradezu physisches Unbehagen. Frauen gab er sich leichter im Gespräch. Ihnen schrieb er viel und gern und war viel freier in ihrer Gegenwart. Vielleicht war es die Abwesenheit des Gutturalen in ihren Stimmen, das ihm wohltat, denn er litt geradezu an unangenehmen Stimmen. Ich sehe ihn noch vor mir in einem Gespräch mit einem hohen Aristokraten, ganz in sich zusammengedrückt, mit gequälten Schultern und nicht einmal die Augen hebend, damit sie nicht verraten sollten, wie sehr er unter dessen unangenehmem Falsett physisch litt. Aber wie gut, mit ihm zu sein, wenn er jemandem wohlgesinnt war! Dann spürte man seine innere Güte, obwohl sie in Worten und Gesten sparsam blieb, wie eine wärmende, heilende Ausstrahlung bis hinein in die innerste Seele.

Scheu und zurückhaltend, wirkte Rilke in Paris, dieser herzerweiternden Stadt, weitaus am aufgetansten, vielleicht auch, weil man hier sein Werk, seinen Namen noch nicht kannte und er als Anonymer sich immer freier und glücklicher fühlte. Ich besuchte ihn dort in zwei verschiedenen Mietzimmern. Jedes war einfach und schmucklos und bekam doch sofort Stil und Stille durch seinen waltenden Schönheitssinn. Nie durfte es ein mächtiges Mietshaus sein mit lärmenden Nachbarn, lieber ein altes, wenn auch unbequemeres, in dem er sich heimisch machen konnte, und den inneren Raum wußte er sich, wo immer er war, durch ordnende Kraft sofort sinnvoll und seinem Wesen entsprechend zu gestalten. Immer waren nur ganz wenige Dinge um ihn, aber immer leuchteten Blumen in einer Vase oder Schale, vielleicht geschenkt von Frauen, vielleicht von ihm selber zärtlich heimgebracht. Immer leuchteten Bücher an der Wand, schön gebunden oder in Papier sorgsam eingeschlagen, denn er liebte Bücher wie stumme Tiere. Auf dem Schreibtisch lagen die Bleistifte und Federn in kerzengrader Linie, die Bogen des unbeschriebenen Papiers zu einem reinen Rechteck gereiht; eine russische Ikone, ein katholisches Kruzifix, die ihn, glaube ich, auf allen seinen Reisen begleitet haben, gaben der Arbeitszelle einen leicht religiösen Charakter, obwohl seine Religiosität an kein bestimmtes Dogma gebunden war. Jeder Einzelheit spürte man an, daß sie sorgsam gewählt und zärtlich behütet war. Lieh man ihm ein Buch, das er nicht kannte, so bekam man es zurück, in Seidenpapier faltenlos eingeschlagen und wie ein Festgeschenk mit buntem Bande verschnürt; ich erinnere mich noch, wie er mir als kostbare Gabe das Manuskript der »Weise von Liebe und Tod« in mein Zimmer brachte, und bewahre noch heute das Band, das es umhüllte. Aber am schönsten war es, mit Rilke in Paris spazierenzugehen, denn das hieß, auch das Unscheinbarste bedeutsam und mit gleichsam erhelltem Auge sehen; er bemerkte jede Kleinigkeit, und selbst die Namen der Firmenschilder sprach er, wenn sie ihm rhythmisch zu klingen schienen, gerne sich laut vor; diese eine Stadt Paris bis in ihre letzten Winkel und Tiefen zu kennen, war für ihn Leidenschaft, fast die einzige, die ich je an ihm wahrgenommen. Einmal, als wir uns bei gemeinsamen Freunden begegneten, erzählte ich ihm, ich sei gestern durch Zufall an die alte »Barrière« gelangt, wo am Cimetière de Picpus die letzten Opfer der Guillotine eingescharrt worden waren, unter ihnen André Chenier; ich beschrieb ihm diese kleine rührende Wiese mit ihren verstreuten Gräbern, die selten der Fremde sieht, und wie ich dann auf dem Rückweg in einer der Straßen durch eine offene Tür ein Kloster mit einer Art Beginen erblickt, die still, ohne zu sprechen, den Rosenkranz in der Hand, wie in einem frommen Traum im Kreis gewandelt. Es war eines der wenigen Male, wo ich ihn beinahe ungeduldig sah, diesen so leisen, beherrschten Mann: er müsse das sehen, das Grab André Cheniers und das Kloster. Ob ich ihn hinführen wolle. Wir gingen gleich am nächsten Tage. Er stand in einer Art verzückter Stille vor diesem einsamen Friedhof und nannte ihn »den lyrischsten von Paris«. Aber auf dem Rückweg erwies sich die Tür jenes Klosters als verschlossen. Da konnte ich nun seine stille Geduld erproben, die er im Leben nicht minder als in seinem Werke meisterte. »Warten wir auf den Zufall«, sagte er. Und mit leicht gesenktem Haupt stellte er sich so, daß er durch die Pforte schauen konnte, wenn sie sich öffnete. Wir warteten vielleicht zwanzig Minuten. Dann kam die Straße entlang eine Ordensschwester und klingelte. »Jetzt«, hauchte er leise und erregt. Aber die Schwester hatte sein stilles Lauschen bemerkt, – ich sagte ja, daß man alles an ihm von ferne atmosphärisch fühlte –, trat auf ihn zu und fragte, ob er jemanden erwarte. Er lächelte sie an mit diesem seinem weichen Lächeln, das sofort Zutrauen schuf und sagte offenherzig, er hätte so gerne den Klostergang gesehen. Es tue ihr leid, lächelte nun ihrerseits die Schwester, aber sie dürfe ihn nicht einlassen. Jedoch sie riet ihm, zum Häuschen des Gärtners nebenan zu gehen, von dessen Fenster im Oberstock habe er einen guten Blick. Und so ward auch dies ihm wie so vieles gegeben.

Mehrmals haben sich noch unsere Wege gekreuzt, aber wann immer ich an Rilke denke, sehe ich ihn in Paris, dessen traurigste Stunde zu erleben ihm erspart geblieben ist.

Anlage 1

*Aus einem Brief Zweigs an André Suarès**

Kapuzinerberg 5
Salzburg
4.I.1927

Mon cher et grand André Suarès,

j'ai voulu vous écrire avant la nouvelle année, mais, hélas, les derniers jours nous étaient bien attristés par la mort de Rainer Maria Rilke. Je ne sais pas, si vous avez connu cet homme admirable, resté pur et solitaire à une époque, où, même les plus esthétiques ont fléchi et se penchés vers ce miroir de bordell qu'on appelle la gloire publique. Il vivait toujours en voyage, toujours loin de sa patrie, de sa langue et se défendait contre tous, même contre ses amis. Je ne sais pas si vous l'avez connu. Mais il vous aimait bien. En 1913 je lui prêtais des livres de vous, il ne connaissait pas encore votre œuvre et était avide d'entendre de vous et je lui devais raconter de votre solitude: il vivait à cette époque rue Campagne Première et une des rares fois que je me promenais avec lui (je n'étais pas dans son intimité, il ne parlait bien que avec des femmes et avait une chasteté, une pudeur de la parole devant les hommes) nous passâmes à travers la rue Cassette et je lui montrais votre maison. Je ne sais pas, si vous l'avez connu et les traductions de ses livres ne donnent qu'un ombre de la couleur magique de ses paroles. Il était notre maître, notre exemple par sa vie comme par son œuvre. On m'a demandé de plusieurs cotés d'écrire sur lui, je ne le pense pas. Je ne peu causer a ces quelques peus, qui comprennent par fraternité secrète cette perte d'un homme qui a vécu une vie lyrique et monacale a la fois, une vie enveloppée de silence et de mystère.

Mon cher Suarès, vous le comprendrez que je parle de lui à vous. Je sais bien que vous le comprendrez. Vous avez aussi la foi. Moi je suis d'une generation qui a cru combattre et s'appro-

* Orthographie wie im Original.

cher plus de la vie; j'ai tous les succès possibles en ce moment, grand tirages, tout ce bruit. Mais mon cœur est resté chez ceux qui etaient plus sages, plus sereines. J'ai lu votre nouveau livre avec admiration. On ne peut pas embrasser le monde spirituel dans une étendue pareille que de la solitude de la vie privé. J'étudie beaucoup moi aussi, je me suis retiré de la ville, pour ne pas me perdre: mais toutefois, comme je m'épuise en me defendant...

Anlage 2

Aus einem Brief von Romain Rolland an Friderike Zweig, Villeneuve, 5. Januar 1927:

...J'ai eu de la peine de la mort de Rilke, dont j'ai été averti par téléphone, par le docteur qui le soignait. Mais hélas! Je n'avais jamais reçu de lui un signe de vie, depuis les premières années de la guerre, bien que nous fussions voisins, et que j'aie été le voir, à Sierre: (mais alors, il n'était point là). Il était, en ces dernières années, tout à fait capté par le cercle de Gide, Valéry...

Anlage 3

Aus einem Brief von Stefan Zweig an Edmond Jaloux, 11. März 1928:

Les lettres de Rilke à Rodin ont parus; il s'y trouvent des admirables. Mais je crois que ses lettres à des femmes seront encore plus surprenantes: il ne se donnait jamais dans la conversation entièrement que aux femmes. Même envers ses amis il gardait une certaine pudeur.

Anlage 4

Aus einem Brief von Stefan Zweig an Edmond Jaloux, 7. Dez. [1931?]

Quant aux lettres de Rilke, cher ami, j'en ai parlé à Kippenberg. On [ne] publiera maintenant que quelques correspondances spéciales, par exemple les lettres adressées à la Princesse Thurn et Taxis et celles à Rodin. Mais ce n'est pas Kippenberg seul qui a les droits de la publication, mais la famille. Et il me semble qu'il y a certaines difficultés à vaincre...

J'ai vu quelques épreuves des lettres de Rilke à Rodin, surtout celui [sic] après que Rodin (dû à un malentendu) lui avait défendu sa maison; c'est très émouvant et montre la noblesse de Rilke. Il est très difficile d'agir avec les héritiers, qui étaient peu en relation avec lui durant sa vie et qui font toutes sortes de difficultés pour la publication de ses œuvres posthumes.

Anhang

Zur Edition

Die Briefe von Zweig an Rilke liegen im Rilke-Archiv, Gernsbach, die von Rilke an Zweig in der Jewish National- and University Library, Jerusalem. Diesen beiden Institutionen gilt der Dank des Herausgebers für die Besorgung von Ablichtungen davon, insbesondere Herrn Christoph Sieber-Rilke und seiner Gattin, die mich zu dieser Publikation anregte, sowie dem Williams Verlag AG, Zug, und dem S. Fischer Verlag, Frankfurt a. M., für die Erlaubnis zur Veröffentlichung der Briefe Zweigs und der Auszüge aus dessen Tagebüchern, Essays und Erinnerungen. Weiter verdankt der Herausgeber zur Wiedergabe anderer Zeugnisse die Genehmigung der Kungliga Biblioteket, Stockholm; des Deutschen Literaturarchivs, Marbach a. N. (auch zur Wiedergabe des Faksimile auf S. 54); der Staatsbibliothek/Preußischer Kulturbesitz, Berlin; der Bibliothèque Littéraire Jacques Doucet, Paris; der Library of Congress, Washington D. C.; der Bibliothèque Royale Albert Ier, Brüssel. Für wertvolle Auskünfte sei hier auch sehr herzlich gedankt: Herrn Knut Beck, S. Fischer Verlag; Frau Joanne Schweik, Reed Library, State University College, Fredonia N. Y.; Herrn Dr. Donald G. Daviau, University of California, Riverside; Herrn Dr. Jeffrey B. Berlin, Philadelphia College of Textiles and Science; Madame Roland de Margerie, Paris; Herrn Dr. Kenneth Birkin, Richmond; und nicht zuletzt Herrn Volker Michels, Suhrkamp und Insel Verlag, dessen Rat und Hilfe diese Arbeit besonders gefördert hat.

Im Unterschied zu den früheren Briefausgaben Rilkes wurde hier in den Texten beider Dichter die Rechtschreibung behutsam modernisiert, unter Beibehalten von Rilkes persönlichen Eigenheiten in Interpunktion und Zeichensetzung. Offensichtliche Verschreibungen wurden stillschweigend verbessert. Die Stellen aus den Tagebüchern von Zweig wurden, soweit möglich, anhand des Originals kontrolliert, so daß einige geringe Abweichungen im schon veröffentlichten Text korrigiert werden konnten.

Donald A. Prater

Anmerkungen

Vorwort

1 Brief vom 18. Februar 1897; Deutsches Literaturarchiv, Marbach a. N., unveröffentlicht.

2 Brief vom 10. März 1897; ebenda, unveröffentlicht.

3 *Die Welt von gestern.* Frankfurt a. M.: S. Fischer (Ges. Werke in Einzelbänden, Hg. Knut Beck), 1981, S. 71.

4 Ebenda, S. 121. Die Gegengabe läßt sich nicht mehr belegen: wenn es sich tatsächlich um einen »Sonderdruck« handelte, kann *Mir zur Feier* (1899) kaum in Betracht kommen, vielmehr einer der vielen Beiträge Rilkes zu Zeitschriften im Jahre 1901.

5 *Briefe an Axel Juncker,* Hg. Renate Scharffenberg. Frankfurt a. M.: Insel Verlag, 1979, S. 77.

6 »Autobiographische Skizze«; *Das literarische Echo,* Jg. 17, Nr. 4 (15. Nov. 1914), S. 201 f.

7 Kungliga Biblioteket, Stockholm, unveröffentlicht.

8 Siehe Anmerkung 1, S. 170.

9 Robert Neumann, *Ein leichtes Leben – Bericht über mich selbst und Zeitgenossen.* Wien/München/Basel: Kurt Desch, 1963, S. 115.

10 An André Suarès, 4. Januar 1927; s. S. 109.

11 Zweigs Tagebuch, 3. Februar 1916; s. S. 87.

12 Wie Anmerkung 10.

13 *Das Geheimnis des künstlerischen Schaffens,* Essays. Frankfurt a. M.: S. Fischer (Ges. Werke in Einzelbänden, Hg. Knut Beck), 1984, S. 354.

14 Vorwort zu *Begegnungen mit Menschen, Büchern, Städten,* Wien/Leipzig/Zürich: Herbert Reichner, 1937, S. 6.

15 Brief vom 17. Januar 1926; *Lettres milanaises,* Hg. Renée Lang, Paris: Plon, 1956, S. 84.

16 Tagebuch, 20. November 1917; s. S. 97.

17 Siehe Anmerkung 16, S. 172.

1 Original dieses Briefes in der Kungliga Biblioteket, Stockholm, unveröffentlicht.

2 Vorträge Ende Februar 1906 in Elberfeld (über Rodin), am 2. März in Berlin (Vorlesung aus eigenen Werken), am 4. März in Hamburg und am 20. März in Berlin (Rodin).

3 Brief von Zweig nicht erhalten. Der darin vorgeschlagene Verein war von dem Pianisten und Komponisten Conrad Ansorge (1862-1930) in Wien gegründet worden.

4 Gegen seine Gewohnheit benutzte Rilke in diesem Brief Lateinschrift, vielleicht weil Zweig immer so schrieb.

5 Kungliga Biblioteket, Stockholm, unveröffentlicht.

6 *Die Nation*, Berlin, Jg. 23, Nr. 36, 1905/1906, S. 571-2. Nachdruck in *Begegnungen mit Büchern – Aufsätze und Einleitungen aus den Jahren* 1902-1939. Frankfurt a. M.: S. Fischer (Ges. Werke in Einzelbänden, Hg. Knut Beck), 1983, S. 80-84.

7 Leipzig: Insel-Verlag, 1906; Titel und Einband von M. Behmer.

8 Rilke kam am 27. November 1906 in Neapel, am 4. Dezember 1906 in Capri an.

9 Brief vom 5. Januar 1907 an Gudrun von Uexküll (*Briefe aus den Jahren 1906 bis 1907*, Leipzig: Insel-Verlag, 1930, S. 162). Zweig hatte schon die *Gedichte von Paul Verlaine: eine Anthologie der besten Übertragungen* und die *Ausgewählten Gedichte* von Verhaeren veröffentlicht (Berlin/Leipzig: Schuster & Loeffler, 1902 bzw. 1904).

10 Erstmals in *Briefe 1906-1907* (S. 156f.) veröffentlicht, mit kleinen Abweichungen im Text und ohne Anrede und Endgruß.

11 Sechs der in *Die frühen Kränze* aufgenommenen Gedichte waren in der Zeitschrift *Die Zukunft*, Berlin, zwischen September 1903 und November 1906 erschienen: wie aus Rilkes Brief vom 14. Febr. 1907 (S. 24) hervorgeht, bezieht er sich hierauf das Gedicht »Sonnenaufgang in Venedig« (*Kränze*, S. 19), von Zweig erstmals in der *Österreichischen Rundschau*, Wien, Jg. 8, Nr. 94/95, 16. Aug. 1906, S. 126, veröffentlicht.

12 Brief, etwa Dezember 1906; Kungliga Biblioteket, Stockholm, unveröffentlicht.

13 Erstmals in *Briefe 1906-1907*, S. 188-92, veröffentlicht, mit einigen Abweichungen im Text und in der Interpunktion und ohne Anrede und Endgruß.

14 Siehe Anmerkung 11.

15 Rilke hatte vor, den Band der *Neuen Gedichte* sowie den Aufsatz »Die fünf Briefe der Nonne Marianna Alcoforado« für den Insel-Verlag fertigzustellen; jener wurde jedoch erst Ende Juli 1907 aus Paris an Anton Kippenberg abgesandt.

16 Siehe *Briefe 1906-1907*, S. 184.

17 Ellen Key hielt sich vom 12. bis 16. März 1907 in Capri auf.

18 In den ersten Monaten seines Aufenthalts äußerte sich Rilke häufig in Briefen über das »Unding« Capri, wo er »traurig in solchen Landschaftsausstellungen« werde, »in solchen Schönheitskonzerten, wo alles Programmnummer ist« (*Briefe 1906-1907*, S. 119-121): ihm scheine Capri »aus den Mißverständnissen deutscher Bewunderung gemacht«, hieß es am 13. Dezember an Lou Andreas-Salomé (*Briefwechsel*, Frankfurt a. M.: Insel Verlag, 1975, S. 221). Die »antike Welt« hat er aber dort doch gefunden: »Griechenland, ohne die Kunstdinge der griechischen Welt, aber fast wie vor ihrem Entstehen« (an Clara, *Briefe 1906-1907*, S. 212).

19 Aus den bisher bekannten Briefen Rilkes aus dieser Zeit läßt sich kein Hinweis auf die Identität dieser »gerne zusammenfassenden und objektivierenden Natur« ermitteln, noch auf den Grund, warum er gerade Zweig – einem Juden – diese in der Tat »verwunderliche Zumutung« stellte.

20 Nach der Übersiedelung am 1. Februar 1907 in eine eigene Wohnung, Kochgasse 8, ging Zweig später im Monat nach Prag, auf Einladung von Max Brod, zu einer Vorlesung aus eigenen Werken, begegnete dort u. a. Hugo Salus und Paul Leppin.

21 Leo Greiner (1876-1928), Schriftsteller. Albert Mockel: siehe Anmerkung 29.

22 Diese Bitte erfüllte Rilke erst sechs Jahre später, indem er Zweig das Manuskript der zweiten Fassung des *Cornet* schenkte (siehe Brief vom 29. März 1913, S. 56.

23 *Tersites, ein Trauerspiel in drei Aufzügen*. Leipzig: Insel-Verlag, 1907.

24 Erstmals in *Briefe 1906-1907*, S. 301-4, veröffentlicht, mit einigen Abweichungen im Text und ohne Anrede und Endgruß.

25 1908/1909 arbeitete Rilke an einer revidierten Fassung von *Mir zur Feier*, die 1909 als *Die frühen Gedichte* (Leipzig: Insel-Verlag) erschien, wobei er *Die weiße Fürstin* in der zweiten Fassung von 1904 mit einbezog (jetzt *Sämtliche Werke*, Hg. Ernst Zinn, Bd. I, S. 143-200; Frankfurt a. M.:

Insel Verlag, 1955-1966; hernach als *SW* zitiert). 1913 erschien ebenda als *Erste Gedichte* eine Neuausgabe von *Larenopfer*, *Traumgekrönt* und *Advent* (jetzt *SW* I, S. [5]-141). Vgl. die Anmerkungen von Ernst Zinn, *SW* I, S. 786 und *SW* III, S. 794.

26 Rilkes Vorhaben, über Verhaeren zu sprechen, verwirklichte sich nicht. Auch später, als ihm Kippenberg die Übersetzung von Verhaerens *Rembrandt* vorschlug, empfahl er für diese Arbeit Zweig (siehe S. 48f.).

27 Emile Verhaeren, *Ausgewählte Gedichte*, in Nachdichtung von Stefan Zweig, Berlin: Schuster & Loeffler, 1904.

28 Tatsächlich widmete sich Zweig in den folgenden Jahren weitgehend seinen Bemühungen um Verhaeren, indem er bis 1910 dem Insel Verlag die Monographie über den Dichter sowie Übersetzungen der Dramen lieferte und 1912 eine erfolgreiche Vortragsreise für ihn (Hamburg, Berlin, Wien, München) veranstaltete.

29 Albert Mockel (1866 Lüttich-1945 Brüssel) war einer der führenden Theoretiker des Symbolismus, gründete 1886 die Zeitschrift *La Wallonie* und wurde 1938 Präsident der Königlichen Akademie zu Brüssel. *Un poète de l'énergie: Emile Verhaeren, l'œuvre et l'homme*, Paris, 1917.

Léon Bazalgette (1873-1929), französischer Schriftsteller, Übersetzer von Walt Whitman. *Walt Whitman, l'homme et son œuvre*, Paris, 1908.

30 Im Juli hatte Rilke seinen Rodin-Vortrag zum »II. Teil« der Monographie von 1903 umgearbeitet und das fertige Manuskript der *Neuen Gedichte* an Kippenberg abgesandt: nun war deren »Anderer Teil« im Entstehen. »Ich bin in der Arbeit wie der Kern in der Frucht« (an Manon zu Solms, *Briefe 1906-1907*, 3. Aug. 1907, S. 305).

31 Über diese Italienreise steht nur fest, daß Zweig im September Ellen Key in Bagni di Lucca traf und im Oktober nach Rom kam. Von dort schickte er die Novelle »Die Gouvernante« an Franz Servaes, den Feuilleton-Redakteur der *Neuen Freien Presse*, Wien – »die vierte aus meinem zukünftigen Band ›Erstes Erlebnis‹« (Brief vom 21. Oktober 1907; Wiener Stadt- und Landesbibliothek, unveröffentlicht). *Erstes Erlebnis, Vier Geschichten aus Kinderland*, erschien erst 1911 (Leipzig: Insel-Verlag), Ellen Key »in herzlichem Gedenken der hellen Herbsttage von Bagni di Lucca« gewidmet. »Ich war in Rom und konnte nicht fort. Liebe Menschen waren um mich, Ellen Key, ein paar Italiener, Kunst, Literatur und dann, immer, immer wieder Rom, das ich

mit tausend Sinnen genoß« (24. Nov. 1907 aus Wien an Benno Geiger, in dessen *Memorie di un veneziano* – Florenz: Vallecchi, 1958, S. 422 – in italienischer Übersetzung veröffentlicht).

32 Von Ludwig Barnay für das Königliche Schauspielhaus Berlin angenommen und für März 1908 angekündigt, mit Adalbert Matkowsky in der Rolle des Achilles, wurde das Stück wiederholt aufgeschoben, nicht nur wegen der ernsten Erkrankung Matkowskys. Schließlich hat Zweig diese Aufführung selber zurückgezogen. Vom Wiener Burgtheater abgelehnt, kam es erst am 26. November 1908 im Dresdner Hoftheater zur Uraufführung, mit Paul Wiecke in der Titelrolle.

33 Über diese Reise vgl. Donald A. Prater: *Stefan Zweig, das Leben eines Ungeduldigen*, München: Carl Hanser, 1981, S. 68f.

34 Erstmals in *Briefe aus den Jahren 1907 bis 1914* (Leipzig: Insel-Verlag, 1933), S. 51-53, veröffentlicht, mit einigen Abweichungen im Text.

35 Abgesehen von einem kurzen Aufenthalt in der Provence (20.-30. Mai 1908), blieb Rilke bis Ende August 1909 in Paris.

36 *Das literarische Echo*, Berlin, Jg. 11, Nr. 6, 15. Dezember 1908. Nachdruck in *Begegnungen mit Büchern*, Frankfurt a. M.: S. Fischer, 1983, S. 85-89.

37 »Ich war ... an der Riviera, dann in Paris. Sah dort den teueren Verhaeren, Rilke und sonst ein paar liebe Menschen. Jetzt schreibe ich endlich das Buch über Verhaeren« (Zweig an Ellen Key, aus Wien, 4. Mai 1909; Kungliga Biblioteket, Stockholm, unveröffentlicht).

38 An Hedwig Fischer schrieb Rilke dazu am 21. 4. 1909: »Ich habe drei fast ganz böse Monate hinter mir; meine jährliche Influenza hat mich gefunden und mich recht schlecht behandelt«; *Briefe*, Zürich: Classen, 1952, S. 45).

39 Brief vom 10. Juni 1909; *Lettres à une amie vénitienne*, Mailand: Hoepli, 1941, S. 46.

40 Brief vom 15. Juni 1910; Katalog, Auktion 43, Galerie Bassenge, Berlin, 3.-5. Mai 1984, Nr. 1689, unveröffentlicht.

41 *Briefe an seinen Verleger*, Wiesbaden: Insel-Verlag, 1949, Bd. I, S. 152.

42 Original Französisch; Bibliothèque Royale Albert Ier, Brüssel, F.S. XVI/148.

43 Zweigs Übertragung des *Rembrandt* erschien 1912, des *Rubens* 1913, beide im Insel-Verlag, Leipzig.

1 *Das Haus am Meer*, ein Schauspiel in zwei Teilen (drei Aufzügen), Leipzig: Insel-Verlag, 1912; im Burgtheater, Wien, am 26. Oktober 1912 uraufgeführt. *Der verwandelte Komödiant*, Erstdruck in Velhagen & Klasings Almanach, 4. Jg., 1912, S. 1-34; Leipzig: Insel-Verlag, 1913; Uraufführung im Lobetheater, Breslau, am 5. Mai 1912.

2 *Tagebücher*, Frankfurt a. M.: S. Fischer (Ges. Werke in Einzelbänden, Hg. Knut Beck), 1984, S. 51f. Künftig als *Tagebücher* zitiert.

3 Rolland, der Rilke kurz darauf aufsuchte und ihn später in der eigenen Wohnung empfangen konnte, schrieb im Januar 1914: »er ist der erste österreichische Dichter von heute, ein Mensch von einer originellen und moralischen Persönlichkeit, vollkommen fein und zart. Er ist seit etwa zehn Jahren in Paris [sic] – ganz in der Nähe von mir, rue Campagne-Première – isoliert, niemals im Pariser Leben verwickelt noch unter den Fremden hier verkehrend ... Mein Freund Stefan Zweig, einer der führenden deutschen Kritiker ... hat mir mehr als einmal ... sein Bedürfnis nach französischem Geist ausgedrückt sowie die Hoffnung, die man in Europa darauf setzt. (Ein Artikel von Ellen Key über *Jean Christophe* bringt dieses von den Idealisten Europas empfundene Bedürfnis naiv zum Ausdruck, von dem französischen Idealismus geleitet zu werden)« (an Louis Gillet, 16. Januar 1914; *Correspondance*, Paris 1949; Original Französisch). In einer 1941 verfaßten Erinnerung Rollands an Rilke hieß es: »Stefan Zweig war es, der uns zusammenbrachte. Er besitzt seit je den seltenen Instinkt, allen anderen voran das Reine und Verborgene in der Kunst herauszuspüren: für Rilke bekannte er eine Verehrung, die eigentlich rührend war für einen Schriftsteller, der sich damals in der Welt der deutschen und österreichischen Literatur eines weitaus größeren Ruhmes erfreuen konnte als der junge Mönch der rue Campagne-Première, den er doch weit über alle anderen Dichter stellte ... Er sah Rilkes sicheren Aufstieg voraus, dank dessen strenger und hartnäckiger Geistesdisziplin.« Im Gespräch habe sich Rilke »einfach, lächelnd und ein wenig (auf angenehme Art) geschwätzig« gezeigt, »froh, einem freundlich gesinnten Herzen etwas von dem zu enthüllen, was er die langen einsamen Tage hindurch in sich verborgen hielt« (*Rilke et la France*, Paris/Brüssel: Plon/Editions de Kogge, 1943, S. 219, 222; Original Französisch). Am 1. Dezember 1913 sandte Rilke an Rolland ein Exemplar seines *Rodin*, mit

der Widmung »admirant la conscience de son œuvre tenace et pure«, und schrieb von seinem Trost (»in einem schlechten Augenblick«), »Sie als Nachbarn und (wenn ich so sagen darf) als edelmütigen und nachsichtsvollen Freund besitzen zu dürfen« (*Rainer Maria Rilke (1875-1926)*, Paris: Librairie Les Lettres, 1952, S. 23, 27; Original Französisch).

4 Verhaerens Haus in Belgien, »Caillou-qui-bique«.

5 Deutsches Literaturarchiv, Marbach a.N., Zug.-Nr. 64.1623/3.

6 *Tagebücher*, S. 53-4.

7 Paul Claudel (1868-1955), damals französischer Generalkonsul in Frankfurt a.M., später im Jahr in Hamburg. Zweig hatte eben das Manuskript von Claudels »L'Annonce faite à Marie« für seine Autographensammlung gekauft (Briefe von Claudel an Zweig, 18. und 21. Februar 1913, Reed Library, State University College, Fredonia, N.Y.). Rilke hatte am 5. Oktober 1913 die deutsche Uraufführung der »Verkündigung« in Max Reinhardts Inszenierung in Hellerau bei Dresden gesehen. Vgl. seinen Brief vom 21. Oktober 1913 an die Fürstin Marie von Thurn und Taxis (*Briefwechsel*, Zürich/Leipzig: Niehans & Rokitansky/Insel-Verlag, 1951, Bd. I, S. 324f.) und Zweigs »Triumph der Kathedrale: Anmerkungen zu Paul Claudels ›Verkündigung‹«, *März* (München), Jg. 7, Heft 25, 21. Juni 1913, S. 416-420.

8 Henry Franck (1880-1912), französischer Lyriker.

9 Charles Vildrac, eigentlich Charles Messager (1882-1971), französischer Dichter und Schriftsteller. In seinen Dramen aus dem Arbeiter- und Kleinbürgertum und besonders in seinen Gedichten (z.B. *Le Livre d'amour*, 1910) warb er um eine menschen- und völkerversöhnende Brüderlichkeit. *Découvertes*, poèmes et drames, Paris, 1912. Rilke begegnete ihm anscheinend erst im Februar 1914, »einem Dichter, der einen kleinen Bilderhandel betreibt..., um mit diesem Geschäft alles Zweideutige von seiner eigenen Kunst abzuhalten« (an Magda von Hattingberg, 24. Februar 1914; *Briefwechsel mit Benvenuta*, Esslingen: Bechtle, 1954, S. 141). Im Dezember 1920 sandte er an Vildrac das Manuskript seines französisch verfaßten Vorworts zu Baltusz Klossowskis *Mitsou*, mit der Bitte um Korrektur.

10 André Suarès, eigentlich Félix André Yves Scantrel (1868-1946), französischer Schriftsteller, Studienkamerad von Rolland auf der Ecole Normale Supérieure in Paris und mit ihm befreundet. *Sur la vie*, drei Bände (1909ff.), *Tolstoi vivant* (1911). Über Zweigs Begegnungen mit ihm 1913 siehe *Tagebücher*, S. 52f. Sein Drama *Cressida* (1913), übertra-

gen von Zweig und Erwin Rieger, erschien 1920 in der Reihe »Die zwölf Bücher«, Hg. Carl Seelig, Leipzig/Wien/Zürich: E. P. Tal & Co. Vgl. S. 109.

11 Richard Zoozmann (1863-1934), Schriftsteller, der sich für den jungen Rilke interessierte und 1897 die Veröffentlichung des Gedichtbandes *Traumgekrönt*, den Rilke ihm widmete, bei Friesenhahn, Leipzig, ermöglichte. Vgl. Anmerkung 28, S. 164.

12 Nicht erhalten.

13 Siehe *Tagebücher*, S. 59.

14 *Tagebücher*, S. 63f.

15 *Der verwandelte Komödiant*. Siehe Anmerkung 1, S. 158.

16 Eine der populärsten Novellen Zweigs, zuerst in *Erstes Erlebnis* 1911 erschienen, 1914 als Nr. 122 der Insel-Bücherei und in vielen Ausgaben nachgedruckt.

17 »Sommernovellette«, *Erstes Erlebnis*.

18 Am 19. April 1906 hatte Rilke Gerhart Hauptmann aus Meudon über Rodins Arbeit an der Büste Bernard Shaws geschrieben und hinzugefügt: »*Sie* müßten einmal kommen, damit es Ihr Angesicht von Rodin gemacht gäbe; welche Arbeit wäre das für ihn« (Staatsbibliothek Preußischer Kulturbesitz, Berlin; unveröffentlicht).

19 Wohl ein Vorschlag an Rodin, eine Porträtbüste von Verhaeren zu machen.

20 Richard Beer-Hofmann (1866-1945), österreichischer Dichter, dessen späteres Gedicht »Schlaflied für Miriam« Rilke besonders liebte.

21 Wohl Eduard Stucken (1865 Moskau-1936), Assyrologe und Ägyptologe, der in Gedichten und »neuromantischen« Gralsdramen antike und modernere Sagen umformte. *Hine-Moa*, neuseeländische Sagen (1901), *Romanzen und Elegien*, Gedichte (1911).

22 Karl Michael Freiherr von Levetzow (1871-1945), Lyriker und Bühnenschriftsteller. *Gedanken eines Anderen von ihm selbst* (Wien: Konegen, 1896), *Höhenlieder* (1898).

23 Alfred Walter Heymel (1878-1914), Schriftsteller und Mäzen, Gründer der Zeitschrift *Die Insel*.

24 Eine bekannte Parkanlage, etwa 5 km südöstlich von Meudon, in der Nähe von Sceaux.

25 Musée Carnavalet, rue de Sévigny.

26 Sidie Nádherný wurde ab dem 18. April auf der Rückfahrt aus Tunesien über Avignon in Paris erwartet.

27 Neben einer Anzahl von Gedichtentwürfen brachte Rilke in dieser Zeit seine Übersetzung der Alcoforado-Briefe (1913 als Nr. 74 der Insel-Bücherei erschienen) sowie der Sonette der Louize Labé fertig. Im Mai erschien *Das Marien-Leben* als Nr. 43 der Insel-Bücherei.

28 Zweig hatte u. a. an seinem Aufsatz über Dostojewski gearbeitet.

29 Auch Rilke ging es so: »Menschen bekommen mir schlecht«, klagte er am 30. März 1913 Sidie Nádherný gegenüber: »... was dabei herauskommt am Ende, ist, daß ich gebe, gebe, gebe ohne zu besitzen, so recht als ein Betrüger des Gefühls« (*Briefe an Sidie Nádherný von Borutin*, Hg. Bernhard Blume, Frankfurt a. M.: Insel Verlag, 1973, S. 181).

30 »Die Begegnung mit Romain Rolland ... hat mir viel Freude gemacht. ... Ich prägte mir seine feinen ermüdeten Züge merkwürdig weit ein, auf denen die Blässe so vieler vor ihm aufgeschlagenen Bücher dauernd geworden ist ... Das Sichere, Erfahrungsvolle und im Reifen Bescheidene seines Wesens, die Güte, ... die immense Reinheit aller Absichten geht von ihm aus wie der Körpergeruch von einem Säugling mit so intensiver ahnungsloser Natur« (Rilke an Ellen Key, 5. April 1913; Kungliga Biblioteket, Stockholm, unveröffentlicht).

31 Siehe Anmerkung 22, S. 160.

32 *Stefan Zweig – Paul Zech: Briefe 1910-1942*, Hg. Donald G. Daviau, Rudolstadt: Greifenverlag, 1984, S. 37. Zechs Porträt *Rainer Maria Rilke* erschien 1913 (Berlin: Borngräber).

33 Original Französisch; Bibliothèque Littéraire Jacques Doucet, Paris, Ms. 24663.

34 Oktober 1913 erschienen, in größerem Format mit 96 Vollbildern.

35 Frederik van Eeden (1860-1932), holländischer Arzt und Dichter, war Teilnehmer am Psychoanalytischen Kongreß September 1913 in München, an dessen Sitzungen auch Rilke gelegentlich teilnahm. Vgl. Rilkes Briefe an Marie Taxis, 15. September 1913 (*Briefwechsel*, Bd. I, S. 317) und an Romain Rolland, 1. Dezember 1913 (*Rainer Maria Rilke*, Paris: Librairie les Lettres, 1952, S. 27).

36 Vgl. Zweigs Brief an Rolland, 19. Oktober 1914 (*Briefe an Freunde*, Hg. Richard Friedenthal, Frankfurt a. M.: S. Fischer, 1978, S. 31).

37 Van Eedens Aufsatz über Rabindranath Tagore (1861-1941) – »wichtig, wie mir scheint« – sandte Rilke an Lou Andreas-Salomé am 20. September 1913 (*Briefwechsel*, Hg. Ernst Pfeiffer, Frankfurt a. M.: Insel Verlag, 1975, S. 300). Doch lehnte er Anfang 1914 den Vorschlag

Kurt Wolffs ab, Tagores Gedichte zu übersetzen (Kurt Wolff: *Briefwechsel eines Verlegers 1911-1963*, Hg. Bernhard Zeller und Ellen Otten, Frankfurt a. M.: Scheffler, 1966, S. 138).

38 Soweit bekannt, beabsichtigte nicht Anton Kippenberg eine Ägyptenreise, wohl aber Marie Taxis, deren Einladung Rilke – »infiniment épuisé« – am 31. Oktober 1913 ablehnte (*Briefwechsel*, Bd. I, S. 326-9).

39 Harald Hansen: nicht ermittelt.

Ami Kaemmerer (1861-1926), Hamburger Exportkaufmann, langjähriger Freund Zweigs, der ihm einen Nachruf widmete (»Gedächtnis eines deutschen Menschen«, in: *Die Ausfahrt, ein Buch neuer deutscher Dichtung*, I. Reihe, Hg. Otto Heuschele; Stuttgart: Verlag Silberburg, 1927, S. 5-8).

40 Das Hotel Beaujolais.

41 Friderike Maria von Winternitz, geb. Burger (1882-1971), die 1920 Zweigs erste Frau wurde.

42 *Der Ruf der Heimat*, Roman, Berlin/Leipzig: Schuster & Loeffler, 1914.

43 Rilke, der erst am 26. März 1914 mit Magda von Hattingberg nach Paris zurückgekehrt war, reiste am 19. April mit ihr über Mailand und Venedig nach Duino: diesmal scheint er also Zweig nur das eine Mal begegnet zu sein.

44 Bis Juli 1914 hat Rilke von Michelangelo neunzehn Sonette und ein Madrigal übertragen, von denen einige im *Insel-Almanach auf das Jahr 1917* erschienen.

45 Wegen des Krieges mußte Zweigs Verlaine-Projekt, worüber er eifrig u. a. mit Paul Zech und Hans Carossa korrespondierte, verschoben und konnte erst 1921-1922 wieder aufgenommen werden; von Rilke nahm er dann nur das eine Gedicht, »Agnus Dei«. *Paul Verlaine: Gesammelte Werke*, Hg. Stefan Zweig. Bd. I, Gesammelte Gedichte, eine Auswahl der besten Übertragungen; Bd. II, Lebensdokumente. Leipzig: Insel-Verlag, 1922.

1914-1918

1 *Simplicissimus*, Jg. 20, Nr. 4, 27. April 1915, S. 47.

2 Nach dem Einmarsch deutscher Truppen in Belgien hatte Verhae-

ren von London aus eine äußerst polemische Schrift »La Belgique sanglante« veröffentlicht.

3 Vgl. Prater, a.a.O., S. 114-6.

4 Zur Vorgeschichte s. Joachim W. Storck: »Ein unbekannter Brief Rainer Maria Rilkes an Anton Kippenberg«, *Jahrbuch der deutschen Schiller-Gesellschaft*, XVIII/1974, S. 23-33 (der vollständige Text des Briefes S. 33-36).

5 Dieser Brief, wie auch die nachstehende Korrespondenz zwischen Rolland, Zweig, Copeau und Gide, stammt aus *Rainer Maria Rilke – André Gide: Briefwechsel 1909-1926*, Hg. Renée Lang, Stuttgart/Wiesbaden: Deutsche Verlagsanstalt/Insel Verlag, 1957. Zweig schrieb seine Briefe deutsch.

6 Jacques Copeau (1879-1949), Freund André Gides, Gründer des Théâtre du Vieux-Colombier in Paris (das Rilke 1913 besuchte), Mitbegründer der *Nouvelle Revue Française*.

7 Brief irrtümlich 1915 datiert.

8 *Tagebücher*, S. 245f.

9 Siegfried Trebitsch: *Chronik eines Lebens*, Zürich/Stuttgart/Wien: Artemis-Verlag, 1951, S. 280f.

10 Daß der Fürst und die Fürstin von Thurn und Taxis an der Intervention beteiligt waren, die Rilkes Zuteilung zum Kriegsarchiv schließlich erwirkte, steht fest: ob die Fürstin höchstpersönlich mit Generalmajor Maximilian von Hoen, dem Direktor des Archivs, in der Kaserne erschien, ist nicht belegt.

11 *Tagebücher*, S. 247.

12 Also im Kriegsarchiv, in der Stiftgasse.

13 Zu Rollands 50. Geburtstag.

14 Alois Veltzé (1864-1927), als Oberstleutnant gleich nach der Mobilmachung Abteilungsvorstand im Archiv. Näheres in Klaus Heydemann: »Der Titularfeldwebel – Stefan Zweig im Kriegsarchiv«, *Zirkular*, Sondernr. 2, Oktober 1981, S. 19-55; Wien: Dokumentationsstelle für neuere österreichische Literatur.

15 Franz Karl Ginzkey: »Rainer Maria Rilke, der Infanterist«, *Münchner Zeitung*, 16. November 1934, Beilage.

16 15. Februar 1916; *Briefe an seinen Verleger*, Bd. II, S. 298.

17 *Tagebücher*, S. 249f., 253f.

18 Schon im September 1911 hatte Rilke (auf Wunsch seiner Frau Clara) die Scheidung erwogen (s. Brief an seinen Anwalt, 30. Septem-

ber 1911; zitiert bei Ingeborg Schnack, *Rilke-Chronik*, S. 383 f., Frankfurt a. M.: Insel Verlag, 1975): der Plan wurde aber nie ausgeführt.

19 Stargardt Autographenkatalog 595, 1971, S. 101.

20 *Briefwechsel Rainer Maria Rilke – Katharina Kippenberg*, Wiesbaden: Insel Verlag, 1954, S. 159f.

21 Erstmals gedruckt in Robert Rie: »Drei unveröffentlichte Briefe Rilkes«, *Wort in der Zeit*, Wien, Jg. 4, Folge 5, 1958, S. 27.

22 Friderike von Winternitz hatte Rilke auf seine Bitte hin ein gewidmetes Exemplar ihres Romanes *Der Ruf der Heimat* überreicht. Siehe Anmerkung 42, S. 162.

23 Rilke war im April bei der Fürstin Marie Taxis in ihrer Wohnung in der Victorgasse zu Gast gewesen: nun übersiedelte er nach Rodaun, wo seine Freundin aus der Münchner Zeit 1914/1915, die Malerin Lou Albert-Lazard (1891-1969), sich eben im Hotel Stelzer niedergelassen hatte.

24 Wie Anmerkung 21.

25 Der Sessel wurde wohl für die Sitzungen Rilkes zu seinem Porträt zur Verfügung gestellt, das Lou Albert-Lazard im Juni malte.

26 *Lenaus Briefe an Sophie von Lowenthal*, Hg. Stefan Zweig, Nachwort unsigniert. Leipzig, Insel-Verlag 1916. (Österreichische Bibliothek Nr. 16). Brief-Auswahl von Friderike von Winternitz (vgl. *Briefwechsel 1912-1942*, Bern, Scherz Verlag 1951, S. 80).

27 Nicht ermittelt.

28 Es handelte sich um den Auktionskatalog von Paul Graupe, Berlin, in dem elf eigenhändige Briefe und eine Karte Rilkes an Richard Zoozmann aus dem Jahre 1896 angeboten wurden. Vgl. Anmerkung 11, S. 160. Die Briefe sind wohl diejenigen, die in die Sammlung Richard von Mises gelangten (Nr. 545 in deren Katalog).

29 Hauptsächlich dank einem von Kippenberg schon im Februar entworfenen Gesuch, das von vielen Freunden und namhaften Persönlichkeiten unterschrieben war, wurde Rilke am 9. Juni 1916 »auf unbestimmte Zeit« aus dem Militärdienst entlassen und kehrte Anfang Juli nach München zurück.

30 Rilkes Brief an Kippenberg vom 13. April 1917 (*Briefe an seinen Verleger*, Bd. II, S. 309).

31 In der endgültigen Ausgabe 1922 (siehe Anmerkung 45, S. 162) brachte Zweig »Die Muscheln« in der Übertragung von Paul Wiegler (1878-1949), auf S. 51, und »Helle Nacht« (»Weich küßt die Zweige /

der weiße Mond ...«) in Dehmels Übertragung, auf S. 76. George, Richard (von) Schaukal (1874-1942), Franz Evers (geb. 1871), Wolf Graf von Kalckreuth (1887-1906) und Ernst Hardt (1878-1947) waren durch andere Gedichte vertreten. In seinem Nachwort hat Zweig auf die hier vorgeschlagene komparatistische Darstellung verzichtet.

32 Seit etwa einem Jahr schon wohnte Zweig in Kalksburg bei Rodaun; Friderike mit ihren zwei Töchtern bewohnte das nebenanliegende Haus. Siehe Prater, a.a.O., S. 132f.

33 Alfred Polgar (1875-1955), österreichischer Theaterkritiker und Essayist.

Polyphem: der Zyklop, der Odysseus in seiner Höhle eine Zeitlang gefangen hielt – hier Personifizierung des Krieges, wie in Zweigs November 1917 geschriebenem Gedicht »Polyphem«:

> Drei Jahre schon leben wir
> In deiner Höhle,
> Höhle des Dunkels, des Grauens und böser Erwartung,
> Polyphem
> ...
> Tag für Tag
> Greift deine harte haarige Hand
> In unsere Reihen
> ...
> Friß nur, saufe, mäste dich an,
> Polyphem,
> Doch wenn du dann träumst vom ewigen Fraße,
> Stoßen wir die Nacht in die Stirn,
> Und aus der Höhle des Bluts und des Grauens
> Schreiten
> Wir, Brüder der Völker, Brüder der Zeiten,
> Über deine stinkende Leiche
> In die ewigen Himmel der Welt.

(Erste Veröffentlichung in der französischen Übertragung von Henri Guilbeaux, *Demain*, Genf, Jg. 2, Heft 22, Februar 1918, S. 239-41; deutsch erstmals in: *Die gesammelten Gedichte*, Leipzig: Insel-Verlag, 1924, S. 81-4.)

34 *Donauland*, eine illustrierte Monatsschrift, wurde im März 1917 von Paul Siebertz und Alois Veltzé als »nicht offizielle« Publikation des Kriegsarchivs gegründet, wobei »allgemeine kulturelle Propaganda im Sinne einer geistigen Landesverteidigung ... den kriegsgeschichtlichen

Auftrag ergänzte und ersetzte« (Klaus Heydemann, a. a. O., S. 36). Rilkes einziger Beitrag, das Gedicht »Sankt Christophorus« (jetzt *SW* II, S. 58), und Zweigs Aufsatz »Donaufahrt vor zweihundert Jahren« erschienen im 1. Heft (S. 25, S. 12-17). Trotz der in diesem Brief ausgedrückten Bedenken setzte Zweig seine Mitarbeit 1917-18 fort: eine Novelle »Die Frau und die Landschaft« (Erstdruck), Jg. 1, Heft 5, S. 494-503 (später in den Band *Amok*, Leipzig: Insel-Verlag, 1922, aufgenommen); ein Auszug aus *Jeremias* (Drittes Bild), Jg. 1, Heft 7, S. 742-7; sein Aufsatz »Die Schweiz als Hilfsland Europas«, Jg. 2, Heft 7; einige kurze Buchbesprechungen, darunter eine über Paul Zechs *Der schwarze Baal*, Jg. 1, Heft 10, S. 1095.

35 *Jeremias, eine dramatische Dichtung in neun Bildern*, Leipzig: Insel-Verlag, 1917, Friderike Maria von Winternitz »dankbarst« gewidmet.

36 *Die Welt von gestern*, S. 290f.

37 *Erinnerungen an Emile Verhaeren*, 1917. Siehe Anmerkung 38. Nachgedruckt 1927 in 440 numerierten Exemplaren im Selbstverlag des Verfassers (Leipzig, Spamersche Buchdruckerei), mit einem Holzschnitt von Frans Masereel.

38 Jetzt im Rilke-Archiv, Gernsbach. Der Druckvermerk:

»Von diesem Buche wurden im Auftrage des Verfassers
hundert handschriftlich numerierte Exemplare für
Freunde gedruckt; davon ist dies
Nummer [7] und gehört
[Rainer Maria Rilke]
Den Druck besorgten Christoph Reißer's Söhne
in Wien im vierten Jahre des Krieges 1917
[Stefan Zweig]«

39 Erstmals in Hanns Arens (Hg.): *Stefan Zweig, sein Leben, sein Werk* veröffentlicht (Esslingen: Bechtle, 1949, S. 146f.), mit geringen Abweichungen im Text.

40 Rilke hielt sich damals (vom 25. 7.-4. 10. 1917) auf Gut Böckel als Gast von Hertha Koenig auf. Sein Exemplar des *Jeremias*, wie er Katharina Kippenberg gegenüber gestand, lag bis zum Januar 1918 ungelesen (*Briefwechsel*, S. 269) – und ist noch immer ab S. 17 unaufgeschnitten geblieben.

41 Sil-Vara, eigentlich Geza Silberer (1876-1938), ab 1915 dem Kriegsarchiv zugeteilt, schrieb später über »Rilke und das Kriegsarchiv« (*Neue Freie Presse*, Wien, 25. Februar 1931).

42 Zweig hatte eine Einladung vom Zürcher Stadttheater zur dort geplanten Uraufführung des *Jeremias* erhalten und setzte es mit der Unterstützung Veltzés durch, eine Vortragsreise in der Schweiz im Auftrag der Presseabteilung des Auswärtigen Amtes unternehmen zu dürfen. Er fuhr etwa Mitte November 1917 mit Friderike über Buchs nach Zürich.

43 Erstmals in Hanns Arens, a.a.O., S. 147f., gedruckt.

44 Rilkes Entlassung aus dem Dienst war noch immer provisorisch.

45 »Das Feuer«, *Neue Freie Presse*, Wien, 8. Juli 1917; Nachdruck in *Begegnungen mit Menschen, Büchern, Städten*, Wien/Leipzig/Zürich: Herbert Reichner, 1937, S. 217-29.

46 20. Dezember 1917, *Tagebücher*, S. 292.

47 *Tagebücher*, S. 265f.

48 Friderike von Winternitz war wohl auch dabei.

49 »Wie die Vögel, welche an den großen / Glocken wohnen in den Glockenstühlen...« (jetzt *SW* II, S. 224). Unter den vielen ihr 1914 gewidmeten und für sie in diesem Heft abgeschriebenen Gedichten befand sich auch »Ausgesetzt auf den Bergen des Herzens« (*SW* II, S. 94f.).

50 »Über den jungen Dichter« (1913), Rilkes Aufsatz, dem »die vielfach beglückende Beschäftigung mit den Gedichten Franz Werfels gewissermaßen die Voraussetzung« war (*SW* VI, S. 1046-55). Zweig erinnerte sich wohl der Stelle: »Aber bedenke er auch, was das menschliche Herz wäre, wenn außerhalb seiner, draußen, an irgend einem Platze der Welt Gewißheit entstünde; letzte Gewißheit« (S. 1048).

51 *Tagebücher*, S. 294.

52 In Rilkes Übertragung: *Die vierundzwanzig Sonette der Louize Labé, Lyoneserin*; Leipzig: Insel-Verlag, 1918 (Ende 1917 erschienen), Insel-Bücherei Nr. 222.

53 Karl Wolfskehl (1869-1948), Dichter und Angehöriger des George-Kreises, Lou Albert-Lazard wohl aus ihrer Münchner Zeit bekannt.

54 Vgl. Prater, a.a.O., S. 151f.

55 29. Dezember 1917, *Tagebücher*, S. 296.

56 *Briefwechsel*, S. 258.

57 *Tagebücher*, S. 299.

58 *Briefwechsel*, S. 259f.

1 *Tagebücher*, S. 290.

2 Es ist z. B. anzunehmen, daß Kippenberg Anfang 1920 Rilke gegenüber sein Projekt erwähnt haben wird, in der »Bibliotheca Mundi« des Insel-Verlages eine Goethe-Auswahl zu bringen, die Hofmannsthal treffen, die danach aber von Rilke und Ricarda Huch »argumentierend ergänzt oder diskutierend eingeschränkt« werden sollte. Zweig, der an der Reihe redaktionell mitarbeitete, schrieb an Hofmannsthal am 2. April 1920: »Wir möchten *Sie* bitten, zu beginnen, weil wir zu Ihrer Tatkraft das meiste Vertrauen haben: Sie wissen, wie sehr Rilke manchmal Hemmungen unterliegt und wie förderlich die schon eingeleitete Wahl ihm in diesem Sinne sein wird« (*Hugo von Hofmannsthal – Rainer Maria Rilke: Briefwechsel*, Hg. Rudolf Hirsch und Ingeborg Schnack. Frankfurt a. M.: Insel Verlag, 1978, S. 154). Auch zu diesem Plan ist keine Äußerung Rilkes bekannt (das Buch ist übrigens nie erschienen).

3 Baladine Klossowska (»Merline«) (1886-1969), eigentlich Elisabeth Dorothee Klossowska, geb. Spiro, Malerin; Pierre Klossowski (geb. 1905), französischer Romancier und Maler; Arsène Davitcho Baltusz Klossowski (geb. 1908), französischer Maler, später unter dem Namen Balthus berühmt (große Ausstellungen 1983-1984 im Centre Georges Pompidou, Paris, und im Metropolitan Museum of Art, New York).

4 Seit seiner Ankunft in Schloß Berg am Irchel, am 12. November 1920, hatte Rilkes Brieffeder nicht geruht: nicht weniger als 108 meistens sehr lange Briefe von ihm sind aus der Zeit bis zum 8. März bekannt. Auch danach sollte durch seine Sorge um Baladine Klossowska die ersehnte »Einkehr« in der Einsamkeit dieser »retraite« vereitelt werden.

5 Am 23.-24. Januar 1921.

6 *Marceline Desbordes-Valmore, das Lebensbild einer Dichterin*, von Stefan Zweig, mit Übertragungen von Gisela Etzel-Kühn; Leipzig: Insel-Verlag, 1920. Neue Ausgabe, mit Ergänzungen der Gedichte und Briefe in Friderike Zweigs Übertragung, im Insel-Verlag, 1927. »Die Verführung lag mir lange nahe, dieses außerordentliche und durchaus durchseelte Schicksal als Roman zu behandeln, doch scheint es mir wichtiger, in den seltenen Fällen, wo das Schicksal selbst schon einen Menschen vollendet gestaltet, sein Leben als Tatsache, ohne Ausschmückung und lyrische Verbrämung darzustellen. So beschränkte ich mich, das erschütternde Frauenschicksal der Desbordes-Valmore zu erzählen, aus dem einzigen

Briefschatz die ergreifendsten auszuwählen und einige Gedichte in der Übertragung der leider verstorbenen Gisela Etzel einzufügen. Die erste Anregung, mich mit dieser Dichterin zu beschäftigen, gab mir vor vielen Jahren der schöne Aufsatz Charles Baudelaires, der auch meiner Darstellung eingefügt ist; ein förderndes Gespräch mit Rainer Maria Rilke, der einer ersten vorläufigen Form meiner Darstellung hilfreich gewogen war, hat mir die Arbeit dann wirklich zur Freude gemacht: unsichtbar ist dieses Buch darum für mich mit dem Gedanken an ihn verbunden« (aus Zweigs Notiz zum Buch in *Universum*, Leipzig: Reclam, Jg. 44, Heft 2, 6. Oktober 1927, S. 35).

7 Faksimile in Robert Rie, a. a. O. (siehe Anmerkung 21, S. 164).

8 Nach Venedig von etwa 22. März bis Mitte April 1921. (Aufenthalte in Verona, Florenz und Mailand.)

9 *Vögelchen*, Roman, Berlin: S. Fischer, 1919.

10 Vom 10. Juni bis zum 13. Juli 1920. An Theodora von der Mühll, 1. Juli: »etwas von dem ›opiatischen‹ Venedig, das Malte so dringend geleugnet hat, sollte ich diesmal doch zugeben müssen. Hélas.« (Brief im Juni 1982 im Haus Erasmus, Basel, versteigert, unveröffentlicht.)

11 *Briefe aus Muzot 1921 bis 1926*, Leipzig: Insel-Verlag, 1935, S. 55f. Vgl. auch *Briefe an Nanny Wunderly-Volkart*, Hg. Rätus Luck, Frankfurt a. M.: Insel Verlag, 1977, S. 609.

12 U.a.: *Amok, Novellen einer Leidenschaft* (1922), *Die gesammelten Gedichte* (1924), der große Essayband *Der Kampf mit dem Dämon – Hölderlin, Kleist, Nietzsche* (1925) – alle im Insel-Verlag; die Ausgaben von Verlaine (s. Anm. 45, S. 162), Sainte-Beuves Essays (*Literarische Porträts*, Frankfurter Verlagsanstalt, 1923) und Chateaubriands *Romantischen Erzählungen* (Wien/Leipzig: Rikola Verlag, 1924). Besonders fällt auf, daß Rilke, offensichtlich Zweigs Nachruf auf Walther Rathenau in der *Neuen Freien Presse*, Wien, »am Jahrestag dessen Ermordung«, 24. Juni 1923, nicht kannte.

13 Brief vom 23. August 1924; Schweizerische Landesbibliothek, Bern, unveröffentlicht.

14 Leipzig: Paul List, o.J. (1925), deutsch von Ottomar Enking; Zweigs Nachwort, S. 255-66.

15 *Les Cahiers du mois*, No. 23/24, August 1926, Paris: Emile-Paul Frères.

1 Brief vom 15. März 1913; *Briefe an Freunde*, Hg. Richard Friedenthal, Frankfurt a. M.: S. Fischer, 1978, S. 24.

2 Deutsches Literaturarchiv, Marbach a. N., Zug.-Nr. 64.1623/22, unveröffentlicht.

3 Original Französisch; von Mme Roland de Margerie, Paris, freundlich zur Verfügung gestellt, unveröffentlicht. Siehe Anlage 1. Vgl. Zweigs Brief vom 11. März 1928 an Edmond Jaloux (S. 129).

4 Nicht ermittelt.

5 Original Französisch; Abschrift im Nachlaß Friderike Zweigs, jetzt in der Reed Library, State University College, Fredonia, N.Y. Siehe Anlage 2.

6 Donald G. Daviau, Jorun B. Johns, Jeffrey B. Berlin (ed.): *The Correspondence of Stefan Zweig with Raoul Auernheimer and Richard Beer-Hofmann*, Columbia, S.C.: Camden House, 1983, S. 95-7.

7 *Briefe an Freunde*, S. 177.

8 In Wien wurden zwei Gedächtnisfeiern veranstaltet (an denen Hofmannsthal *nicht* teilnahm). Am 16. Januar 1927, in den Wiener Kammerspielen, Rotenturmstraße, hielt Felix Braun die Rede; Magda von Hattingberg spielte Bach- und Chopin-Präludien, und es wurde aus den Werken vorgelesen. Die zweite, am 23. Januar, wurde von den Schauspielern im Theater in der Josefstadt (Max Reinhardt) veranstaltet, mit einer »Szene als Einleitung« von Alexander Lernet-Holenia, Vorlesungen aus dem *Buch der Bilder* und den *Neuen Gedichten* und Musik-Vorführungen u. a. von Magda von Hattingberg am Klavier. Lernet-Holenias »Szene« wurde im Gedenkheft der Wiener Zeitschrift *Philobiblon* anläßlich Rilkes 60. Geburtstages nachgedruckt (Jg. 8, Heft 10; Herbert Reichner Verlag).

9 Deutsches Literaturarchiv, Marbach a. N., unveröffentlicht. Rudolf Pannwitz (1881-1969), Dichter und Philosoph.

10 Tübingen: Rainer Wunderlich Verlag, 1927. Nachdrucke: *Begegnungen mit Menschen, Büchern, Städten*, 1937, S. 63-78, mit geringen, wohl von Zweig vorgenommenen Textänderungen; *Das Geheimnis des künstlerischen Schaffens*, Frankfurt a. M.: S. Fischer (Ges. Werke in Einzelbänden, Hg. Knut Beck), 1984, S. 242-260.

11 Original Französisch; Bibliothèque Littéraire Jacques Doucet, Paris, Ms. 6056, 6059.

Siehe Anlagen 3 und 4. Edmond Jaloux (1878-1949), den französischen Romancier und Kritiker, schätzte Rilke wie auch Zweig sehr hoch. Rilke traf ihn zuerst im September 1924 in Lausanne, nachdem Jaloux eine bedeutende Rezension des *Malte* in der französischen Fassung von Maurice Betz veröffentlicht hatte, und verbrachte dort »ausgezeichnete Stunden« mit ihm (Brief vom 13. September 1924, *Briefe an Nanny Wunderly-Volkart*, S. 1020). Sie kamen in den letzten Lebensjahren Rilkes öfters zusammen. Über Jaloux' *Rainer Maria Rilke* (Paris: Emile-Paul, 1927) schrieb Zweig: »Daß Rainer Maria Rilke diesen Dichter über allen Schriftstellern Frankreichs besonders geliebt und mit seiner Freundschaft geehrt hat, wäre schon Grund genug, um ihn in Deutschland respektvoll zu empfangen.... Sein Erinnerungsbuch an Rilke wird als dauerndes Denkmal eines großen Deutschen in französischer Sprache bleiben.« (*Universum*, Leipzig: Reclam, Jg. 44, Heft 31, 26. April 1928, S. 699). Zweig setzte sich noch 1927 bei Ernst Sander für die Übersetzung der Romane von Jaloux ein, »Werke eines Mannes, der von den edelsten Dichtern herkommt ... er war der beste Freund Rilkes« (Brief vom 16. April 1927, in: *Sprachkunst und Übersetzung – Gedenkschrift für Ernst Sander*, Hg. Hans-Albrecht Koch; Bern/Frankfurt a. M.: Peter Lang, 1983, S. 126). 1949 veröffentlichte Jaloux die Briefe Rilkes an seine »letzte Freundin«, Nimet Elwi Bey (*La Dernière amitié de Rainer Maria Rilke*, Paris: Laffont).

12 *Briefe an Auguste Rodin*, Leipzig: Insel-Verlag, 1928. Französische Ausgabe: *Lettres à Rodin*, Paris: Edition Lapina, 1928.

13 Library of Congress, Washington D.C.; Benjamin W. Huebsch (1873-1965) gründete den New Yorker Verlag B. W. Huebsch Inc., aus dem 1925 die Viking Press hervorging, die mehrere Werke Zweigs in englischer Sprache herausbrachte. Sein Brief vom 4. Mai 1932 lautet:

Lieber Freund Zweig,

ich habe eine Bitte an Sie, die Sie, wie ich denke, gerne erfüllen werden. W.W. Norton, ein ausgezeichneter New Yorker Verleger und ein Freund von mir, hat eine Übertragung eines der Werke Rilkes herausgebracht und bereitet nun »Die Beichte [sic] vom Leben und Tod des Cornet Christoph Rilke« vor.

Frau Norton, eine kultivierte Frau und nebenbei eine hochbegabte Violinistin, interessiert sich ebenso lebhaft wie ihr Mann für die Veröffentlichung von Rilke in englischer Sprache: für sie ist das Projekt eigentlich eine Liebesarbeit, denn es bestehen nur geringe Chancen, daß es sich lohnen wird. Gerade jetzt ist die Aussicht schlecht, so habe ich Herrn Norton vorgeschlagen, daß er außer der normalen Ausgabe ein paar hundert Exemplare in besserer Ausstattung für Sammler bringe und mir erlaube, Sie um eine kurze Einleitung zu bitten, die man selbstverständlich in beiden Ausgaben drucken würde.

Wenige Amerikaner kennen einmal den Namen Rilke, es gibt aber sehr viele, die sich auf Ihre Empfehlung hin für ihn interessieren würden. Ich dachte, Sie würden mir sogar dafür dankbar sein, daß ich Sie so veranlasse, Rilke hier Pate zu stehen. Die Einleitung kann kurz sein, etwa 300 bis 400 Wörter, und der Inhalt gerade wie Ihnen einfällt – über das Gedicht oder über den Menschen.

Wenn Sie diesen kaum gewinnbringenden Auftrag annehmen wollen, so schreiben Sie mir bitte eine Karte, damit ich Herrn Norton noch vor meiner Abfahrt (4. Juni) benachrichtigen kann. Die Einleitung selbst kann jederzeit im Laufe des Sommers geschrieben werden. Ich werde Sie nicht um Entschuldigung für diese Aufbürdung bitten, denn ich glaube nicht, daß Sie den Auftrag als einen unangenehmen empfinden werden...

14 Wahrscheinlich *Stories of God*, translated by Mary Dows Herter Norton, 1932 (Ritzer E 23, engl. [b]).

15 Aus noch ungeklärten Gründen hat Zweig schließlich keine Einleitung zur Verfügung gestellt. *The Tale of the Love and Death of Cornet Christopher Rilke*, translated by Mary Dows Herter Norton, erschien 1932 (Ritzer E 56, engl. [c]).

16 Erstmals in *Europäisches Erbe*, Hg. Richard Friedenthal, Frankfurt a. M.: S. Fischer, 1960, S. 244-50, veröffentlicht. Nachgedruckt in *Die Monotonisierung der Welt*, Aufsätze und Vorträge, Hg. Volker Michels, Frankfurt a. M.: Suhrkamp, 1976, S. 211-17. Datum des Symposions nicht ermittelt (wahrscheinlich in der ersten Jahreshälfte 1936). In englischer Übersetzung diente der Vortrag als Einleitung zum Essayband *Rainer Maria Rilke – Aspects of his Mind and Poetry*, ed. William Rose and G. Craig Houston (London: Sidgwick & Jackson, 1938; Nachdruck New York: Gordian Press, 1970), wobei der erste Absatz wie folgt umgeändert wurde: »Ein Band Aufsätze über den vielgeliebten Dichter Rainer Maria Rilke, von Wissenschaftern, die sich mit seinem Werk besonders beschäftigt haben, scheint keine Einleitung zu benötigen. Aber vielleicht...«

17 Deutsches Literaturarchiv, Marbach a. N., Zug.-Nr. 64.1623/38, unveröffentlicht.

18 Hans Carossa: *Geheimnisse des reifen Lebens*, Leipzig: Insel-Verlag, 1936.

19 *Die Welt von gestern*, S. 166-174.

Namenregister

Die kursiv angegebenen Ziffern beziehen sich auf die Anmerkungen

Werkregister: Rilke

Die kursiv angegebenen Ziffern beziehen sich auf die Anmerkungen

Werkregister: Zweig

Die kursiv angegebenen Ziffern beziehen sich auf die Anmerkungen

Insel Verlag Anton Kippenberg GmbH & Co. KG
Torstraße 44, 10119 Berlin
info@insel-verlag.de
www.insel-verlag.de